KB268749

고시공부는 이렇게 해라

-어느 육군소령의 고시공부 이야기-

수많은 도움의 손길이 없었다면
이 책은 존재하지 않았을 것입니다.

고시공부는 이렇게 해라

-어느 육군소령의 고시공부 이야기-

ULDO 율도국

■ 추천사

　이 책은 사법시험을 갓 합격한 현역 육군소령의 고시공부 수험기이다. 심소령은 독자들에게 깜짝 놀랄 정도로 생생하고, 진솔하며, 간단명료하고, 실행가능성이 있는 공부방법을 말해주고 있다. 「시험 합격을 위해서 어떻게 공부해야 하는가? 우선 마음부터 다스려라. 그런 다음에 요령 있게 최선을 다해서 공부해라.」 그다지 어렵지 않은 방법이다. 하지만 대부분의 수험생들은 이것을 몰라 불합격의 늪에 빠지게 된다. 구체적으로 어떻게 마음을 다스릴 것인지, 어떤 식으로 요령 있게 공부할 것인지, 보통의 수험생들은 어느 정도 공부를 하는지 등을 알고 싶다면 이 책을 꼭 읽어라. 저자의 마음을 느끼고 자신의 공부방법에 일대 전환을 가져온다면 합격하는데 그다지 많은 시간이 필요한 것은 아니다. 그런 의미에서 젊은 학생들에게 강력히 추천한다.

건국대 법과대학
홍봉주 교수(변호사, 변리사, 법학박사)

■ 추천사

군대에는 야전교범(Field Manual: FM)이란 것이 있다고 합니다. 군에서 작전이나 전투를 수행할 때 지켜야 할 규칙 내지는 요령들을 정리해 놓은 책이라는군요. 원칙대로 한다는 의미의 'FM대로 한다'는 말은 여기서 유래한 것이라고 합니다. 야전교범은 아마도 노련한 노병들이 그동안 산전수전 다겪으면서 몸소 익힌 경험을 바탕으로 상황에 맞는 최적의 방법과 노하우를 엄선하여 후세에 전수하기 위해 만들었을 것입니다.

사법시험도 일종의 전투입니다. 수많은 쟁쟁한 수험생들과의 경쟁이자 무엇보다도 치열한 자기자신과의 싸움입니다. 이러한 총성 없는 전쟁에서 믿고 의지할 수 있는 야전교범이 있다면 좀 더 효과적으로 단시일 내에 승리를 쟁취할 수 있을 것입니다. 그것도 뼈아픈 패전의 아픔을 극복하고 결국은 빛나는 승전을 이룩한 현역 군인이 자신의 소중한 체험을 바탕으로 작성한 야전교범이라면 더더욱 신뢰할 수 있을 것입니다.

안개 속을 헤매듯이 공부의 방향을 잡지 못해서 방황한 적이 있습니까? 홀로 묵묵히 눈길을 헤쳐 왔던 심우찬 소령이 남겨 준 가지런한 발자국을 따라 걷는다면 보다 쉽게 목표에 도달할 수 있을 것입니다. 요컨대, 이 책은 「고시 합격」이라는 목표에 가장 빠르게 도달하는 「지름길로의 길잡이」 이자, 「사법시험」 이라는 치열한 전투에서 승리하기 위한 가장 확실한 「야전교범」 임에 분명합니다.

명지대 법과대학
이병규 교수 (변호사)

차례

■ 추천사

프롤로그

Part 01 나의 사법시험 수험기

나의 어린 시절 _19
목마른 사람이 우물을 판다 _23
인생의 첫 실패 _25
자만과 좌절, 또 좌절 _28
벼랑끝에 서다 _32
기다리던 꽃은 피고 _36
새로운 기회와 헌신 _44
나의 아내와 아이들 _46

Part 02 시험준비에 필요한 것들

들어가며 _51
시험을 준비하는 이유 _52
긍정적, 적극적 사고방식 _55
오픈마인드와 균형된 시각 _58
여건에 맞는 공부방법 선택 _60
직장인 수험생의 경우 _63
구체적인 목표를 세워라 _68

결과만을 생각하라 _71

생활의 단순화 _74

체력의 유지와 건강 _77

기호식품은 줄여라 _80

잠은 충분히 잘 자라 _82

질병을 예방하라 _84

휴식시간과 여가활용 _87

무감각하게 살아라 _90

공부장소 선택 _93

공부요령 _96

공부습관 (집중과 시간) _99

기적의 암기법 _101

기억의 원리 _103

문제를 연습하는 방법 _107

고시생의 하루 _110

슬럼프 극복하기 _114

Part 03 사법시험 1차시험 준비요령
(객관식시험 준비요령)

1차시험의 특성 _127

1차시험 자격요건 갖추기 _128

법률서적을 처음 보는 경우 _130

교재를 잘 골라야 합격한다 _131

법전 보는 방법 _139

수험 시간계획 작성 _141

기본서 정리하기 _143

내 기본서의 경우 _147

기본서 암기방법 _155

학원강의 수강 _157

민법을 잘해야 나머지를 잘한다 _159

객관식 시험에서 높은 점수를 받는 방법 _161

마지막의 최종정리가 1년을 좌우한다 _172

시험 당일 행동요령 _174

1차 시험후 대처요령 _180

Part 04 사법시험 2차시험 준비요령
(논술형 시험 준비요령)

필기구와 글씨연습 _185

2차시험도 교재선택이 당락을 가른다 _189

모범답안 작성을 목표로 공부하라 _193

나의 2차시험 점수와 분석 _200

과락을 피하는 법 _206

학원진도 따라가기 _210

마지막 관문, 최종정리 _214

3박4일간의 2차시험 여행 출발 _217
진인사 대천명 _227
당신이 2차시험에 불합격한 경우 _232

Part 05 사법시험 합격

2차시험 합격소감 _241
3차시험 준비요령 _243
초심을 잊지 않고 _247

Part 06 감사의 글

지난 시간을 뒤돌아보며 _251

　대부분의 사람들은 10대의 청소년기 시절에 학업에 관심을 갖는가에 따라 소위 명문대에 진학하기도 하고, 그렇지 못하기도 한다. 명문대에 진학한 사람들은 다른 사람들보다는 안정적으로 인생을 살아갈 발판을 마련한 것이고, 그렇지 못한 사람들은 자신의 어린 시절을 뒤돌아보면서 현실에 최선을 다하며 또 다른 기회를 준비하게 된다. 사람들은 20대의 열정을 넘어서 인생을 꾸려나갈 직장을 구하게 되고, 30대에 접어들 즈음에는 보다 나은 직장을 구하거나, 인생에 있어서 보다 의미있는 일이 무엇일까 생각해보기도 한다.

　나는 고등학교를 졸업하자마자 육사에 진학했는데, 만 18세라는 나이에 내 인생의 방향을 결정한 일이었다. 그리고 만 23세에는 연인과 한평생을 살기로 약속하였고, 만 28세가 되어서는 사법시험 도전이라는 새로운 결심을 하였다.

　그동안 내가 접해왔던 사람들은 대부분 현역 군인들이었고, 고등학교 이후에는 이과 과목만 공부했었는데, 이런 내가 갑자기 사법시험에 도전했던 것은 다소 무모한 일이었다. 그러나 나는 경험과 지식이 부족하다고 하더라도 조금만 더 노력하면 어떤 환경에도 적응할 수 있으며, 목표에 대한 열정만 있다면 누구든지 뜻한 바를 이룰 수 있다고 생각한다. 과정이야 다소 힘들었지만, 결국 나는 6년여의 수험기간 끝에 올해 드디어 사법시험에 합격하였다.

2차 시험 합격자 발표가 있은 지 며칠 후, 나는 서울대에서 공부하는 육사후배로부터 전화를 받았다. 먼저 축하의 말을 전한 후배는 "선배님은 어떻게 일하면서도 사법시험에 합격했습니까?" 라고 물었다. 그 질문은 절대로 짧은 시간에 대답할 수 없는 것이었다. 그 후배에게 "나중에 신림동에 가서 밥을 한번 사면서 공부방법을 전수하겠다." 고 이야기 했지만, 전화를 끊고 곰곰이 생각해보니 단지 한두시간만에 사법시험의 합격방법을 전수하기란 거의 불가능해 보였다. 왜냐하면 사법시험은 굉장히 많은 요소들이 시험의 당락을 좌우하고, 나는 수없이 많은 시행착오를 겪으면서 매번 시험볼 때 마다 다른 방법으로 도전했기 때문에, 지금 목전에 1차 시험을 앞둔 사람들에게 이 모든 과정을 다 설명하면서 "이와 같은 과정을 거쳐 시험에 합격했노라" 라고 말해줄 시간적 여유는 없기 때문이었다.

나는 이제 내년이면 사법연수원에 들어가고, 그곳에서 또 다른 공부방법을 찾아가면서 좋은 성적을 받기 위해 노력하게 될 것이 분명하다. 또한 지금 1~2개월의 여유있는 시간이 지난다면 내가 일하면서 공부했던 노하우를 정리할 시간은 영영 돌아오지 않을 것이다. 이런 여러가지 이유로 미흡하나마 나의 공부방법을 정리하고 지금의 나를 있게 해준 고마운 분들께 감사를 전하고자 이 책을 쓰게 되었다.

과거, 현재, 그리고 미래에도 많은 사람들이 사법시험, 변호사 시험, 그리고 법학과 연관된 여러 종류의 자격시험에 도전할 것이다. 그리고 그 중에는 미래의 꿈을 이루기 위해 소중한 청춘을 투자하는 젊은 학생들도 있고, 나처럼 일과 공부를 병행하면서 자격시험에 합격하고자 하는 분도 계실 것이다. 이 책은 그러한 분들이 내가 겪었던 것과 같은 시행착오를 겪지 않고, 최단시간 내에 시험에 합격하는 공부방법을 전달하는 것을 목표로 하여 작성되었다.

꿈은 있되 실천에 옮기지 못하는 많은 사람들 - 특히, 이번 로스쿨 선발결과처럼 나이가 많다는 이유로 발전가능성이 없다는 다소 이상한 평가를 받는 30대 직장인으로서 변호사가 되고 싶은 꿈을 가진 분들 - 에게 누구든지 적극적으로 덤벼든다면 불가능이란 없으니 사법시험 또는 기타 자격증 시험에 도전해 보라고 말해주고 싶다.

07년에도 모 유명변호사께서 공부방법론에 대해 책을 낸 적이 있다. 그런데도 필자가 굳이 이러한 종류의 책을 또 한번 내고자 하는 이유는 필자가 그다지 비범한 사람이 아니기 때문이다. 나는 극소수의 공부천재들, 이른바 시험천재들에게 적용되는 공부방법이 아니라 평범한 사람들이 활용할 수 있는 공부방법을 말할 것이다.

나는 다른 자격시험을 준비한 경험이 없다. 기껏해야 영어 점수를 받기 위해 텝스나 토익정도를 공부했을 뿐이다. 그러나 내가 사용한 공부방법들은 아마도 다른 종류의 객관식·주관식 시험에 있어서도 분명 유용한 스킬이 되리라 확신한다. 왜냐하면 여러분이 아시다시피 사법시험이라는 것이 그다지

만만한 시험이 아니기 때문이다.

경험은 지혜의 원천이 된다. 나는 사법시험 2차시험 재시(2차 시험을 처음 보는 사람을 초시 또는 생동차, 두 번째 보는 사람을 재시, 그 이후로는 3시, 4시, 5시 등으로 부른다)때부터 일하면서 공부하는 수험생활을 하였다. 그리고 수차례 2차 시험 낙방을 경험하면서 무엇이 시험준비에 독이 되고 약이 되는지 명확히 파악하게 되었다.

법률과목 시험은 단순히 오랜 시간동안 독하게 공부한다고 해서 반드시 좋은 성적이 보장되는 것은 아니다. 물론 공부를 하기 위해서는 어느 정도의 자기절제와 의지가 필요하다. 그러나 대부분의 선발시험이 상대평가인 점에서 시험에 가장 적합하게 공부해야 남들을 제치고 합격할 수 있다. 나는 1년간의 공부가 물거품이 된 경험이 여러 번 있다. 그 후 법학과목의 공부에는 요령이 있고 그 요령이 무엇인지, 최소의 시간으로 최대의 효과를 얻을 수 있는 방법이 무엇인지 파악하는 것을 공부의 최우선과제로 삼았다.

이 책은 제목처럼 필자가 연구한 공부비법을 독자들에게 전해줄 것이다. 아울러 이 책을 읽어 본 수험생들은 막연한 합격에의 기대가 아닌 구체적인 합격에의 확신, 즉「Vision」을 갖게 될 것이라고 믿는다.

2008. 12 화랑대 인헌관에서

Part 01 나의 사법시험 수험기

나의 어린 시절

　독자들에게 법학공부 또는 사법시험에 대해 이야기하기 전에 우선 내가 누구이고 어떤 연유로 어떻게 공부했는지부터 간략하게나마 설명하는 게 순서인 듯싶다.

　나는 1974년 2월 18일 서울 안암동 고려대학부속병원에서 유복한 집안의 3남중 막내로 태어났다. 우리 집안은 초등학교 교장선생님이셨고, 대전시 교육감을 지내신 할아버지의 영향으로 올바르고 떳떳한 삶을 사는 것을 중요시하는 교육자 가문이다. 아버지는 어려서부터 엄격하신 할아버지 밑에서 집안의 장남으로서 열심히 노력하여 서울대 상대에 입학하셨고, 졸업과 동시에 행정고시 재경과에 합격하셔서 40여년을 공직에서 봉사하셨다. 현재는 국회의원으로서 국가가 나아가야 할 방향을 제시하고 계신다. 어머니는 이화여대를 졸업하시고 아버지와 백년가약을 맺으신 뒤, 십수년의 주말부부 생활을 하시는 어려운 환경에서도 언제나 내조를 잘하시고 알뜰하고 부지런하게 사시면서 3형제를 잘 길러내셨다. 큰형인 우정이형은 법무부에서 검사로 근무하고 있으며 어려서부터 늘 전교 1등을 도맡아 하는 모범생이었고, 작은형인 우현이형은 넓은 포용력과 명석한 판단력으로 따르는 친구들이 수도 없이 많이 있으며 현재는 미국 미시건 주립대학에서 경제학 박사과정에 있다. 우리 가족은 어려서부터 행정가이신 아버지를 따라서 의정부, 대전, 서울 등지로 이사를 다녔다. 집안 막내였던 나는 초등학교를 다섯 군데나 전학다녔는데, 초등학교 5학년 때부터는 아버지는 지방에서 홀로 근무하시고, 나머지 가족은 서울에 정착해서 살게 되었다. 나는 1992년에 서울 영동고등학교를 졸업하고 그해 육군사관학교에 진학하였으며, 1996년에 육사 52기 보병소위로 임관하였는데, 졸업등수는 3등으로 꽤 좋은 편이었다. 그 후 제27보병사단에서 소대장, 전속부관 등의 직책을 수행하고 보병 고등군사반을 마친 뒤, 미 보병고등군사반에 선발되어 5개월여의 교육 후에 복귀하였다. 그 뒤 제28보병사단 수색대대 중대장으로 1년여를 근무하던 중 사법시험에의 도전을 결심하였고, 2002년부터 2005년까지 서울대학교 법학부에서 위탁교육을 받았다.

나는 지금껏 살아오면서 인생 전환기가 두번 있었다. 나의 직업과 가치관을 결정지은 육사 진학과 그동안의 군생활을 모두 걸었던 사법시험 도전이 그것이다.

어린 시절의 나는 친구사귀는 것과 노는 것에 빠져 있었고, 공부하고는 조금 거리가 있었다. 즉, 흔히들 말하는 개구쟁이였다. 아직도 우리 가족들로부터 종종 듣는 이야기중 하나는 내가 사람을 사귀는 데에 재주가 있었다는 것인데, 그 예로 5살 때 동네(서울시 종로구 옥인동)와 서울 시내를 왕복하는 버스가 동일 버스임을 간파한 뒤, 그 버스의 기사아저씨와 친해져서 공짜로 서울구경을 하고 돌아온 일화가 있다. 그 당시 집에서는 내가 유괴당한 줄 알고 발칵 뒤집혀서 난리가 났다가 나중에 내가 버스에서 내리면서 기사아저씨와 정답게 작별인사를 하는 것을 보고 한숨을 돌렸다고 한다.

나는 그렇게 평범한 학창시절을 보내다가 고등학교 진학 때부터 공부에 본격적인 관심을 보이기 시작하였다. 특히 고3 시절에는 내가 육사로 진학하기를 희망한다고 말했더니, 담임이셨던 조중천 선생님께서 각별한 관심과 애정을 보여주셨고, 하늘이 도왔던 것인지 당시 세계 수학올림피아드에서 3위로 입상한 수재(秀才) 이승균박사(프린스턴대, 물리학)와 단짝이 되는 행운이 있었다. 수학과 물리에 대해 짝궁의 도움을 많이 받은 나는 학년초와 비교해서 실력이 일취월장하였고, 육사에 우수한 성적으로 무난히 진학할 수 있었다.

그렇다면 왜 육사에 진학했는가? 어린 시절 아버지께서 국방대학교에서 수학하신 적이 있는데 그 때 가끔 만나게 되는 군인아저씨들에 대한 기억이 너무나 좋았고(멋있고 남자답고 등등), 군인이 되어서 국가방위를 위해 봉사하면서 생계도 꾸리면 참 보람되겠다 싶어서 육사에 원서를 내게 된 것이었다.

나의 육사생도생활은 시간과의 싸움이었다. 통제된 생활 속에 부족한 시간으로 많은 양의 학습량을 소화해야 되었고, 거기에 개인적인 공부욕심이 더해져서 1·2학년 때에는 야간 취침시간에 화장실에서 몰래 공부하던 기억도 있다. 3학년때 공수훈련을 받을 때에는 야간 자유시간에 노는 시간이 아까워서 영어공부를 하였는데(물론 대부분의 다른 동기생들은 피곤에 지쳐서 잠을 자거나 TV를 보았다), 당시 훈육관님께서 당신의 군생활 중에 공수훈련을 받으면서 영어공부하는 사람을 본 적은 내가 처음이라고 말씀하셨다. 어쨌든 육사에서의 생도생활은 노는 시간을 최소화하고 공부에 재미를 붙였던 시기였던 것 같다. 생도시절 전공은 기계공학과였는데, 고등학교시절부터 내가 하고 싶어하던 전공의 공부를 하게 되니 공부가 그 자체로 즐거움이었다.

그런데 나는 육사에 재학 중에는 단 한 번도 사법시험을 준비하겠다고 생각해 본적이 없다. 우선 내가 이과였기에 문과 과목이었던 법학에 대해 어렵게 느껴졌고 별로 공부하고 싶지도 않았으며, 집안에 이미 사법고시에 합격한 큰형님이 있었기 때문에 법적인 문제에 대해서는 형님으로부터 도움을 받으면 될 것이라 생각했기 때문이었다.

4학년 진학식 때 우등상 수상모습. 당시 생도대장이셨던 김장수 전 국방부장관님께서 우등생 휘장을 달아주고 있다.

목마른 사람이 우물을 판다

그렇다면 필자는 왜 사법시험을 준비하게 되었는가? 나는 육사졸업후 직업군인으로서 군생활을 열심히 하였고, 중대장을 할 때까지는 별다른 사고 없이 잘 지내고 있었다.

그런데 어느 날, 우리 중대원들이 진지공사를 하면서 민간인 소유지에서 나무를 30그루나 절단하는 사고를 저질렀다.

내가 작업장소에 현장감독까지 갔었지만, 법에 무지했던 나는 「잡목들」이라는 부하의 말을 듣고 제대로 통제하지 않았으며 결국 지휘책임을 부담할 입장에 놓이게 되었다. 그때 내가 느낀 것은 '중대장으로서 부하들과 함께하며 1년여를 지휘했지만, 내가 법과 규정을 모르니 장님으로서 지휘를 하고 있었던 것이구나!' 하는 자괴감뿐이었다.

그 당시 나는 어떻게 해서든 사태를 원만히 해결하고자 했는데, 정작 법을 모르니 답답한 것들이 한 두가지가 아니었다.

나무 주인에게 변상을 하려고 했는데, 나무 주인이라고 하면서 엄청난 액수(그당시 돈으로 1000만원)의 변상을 주장했던 사람은 산지기(관리인)에 불과했고, 진짜 나무 주인은 따로 있었다. 참으로 괘씸한 일이 아닐 수 없었지만 어찌할 도리가 없었다.

결국 사건은 우여곡절 끝에 나와 소대장이 나무가격을 적당히 쳐서 현금변상을 하는 선에서 마무리 되었다. 그러한 일을 겪은 후 나는 '내가 사법시험을 통과하여 장차 나와 같은 후배장교가 없도록 법에 대해 철저히 교육해야겠다'고 결심하였고, 그 뒤에 서울대학교 법학부로의 위탁교육 선발시험에 응시하여 합격하였다.

후배들에게 법적 상식에 대해 교육하고자 했던 나의 바램은 작년에 졸업하는 4학년생도들에게 규정준수에 대해 귀가 따갑도록 가르침으로써 어느 정도 달성되었다. 앞으로도 기회가 된다면 장병들이 군생활 및 인생을 살아가면서 기본적으로 갖추어야 할 법적 소양에 대해 부족하나마 조언을 해주고 싶다.

인생의 첫 실패

나는 2002년부터 서울대학교 법학부에서 3년간 위탁교육을 받게 되었다. 2학년으로 편입했기에 3년간 90여학점을 이수해야 학사학위를 취득할 수 있었는데, 최대한 빨리 많은 학점을 취득하고, 4학년 1학기는 여유로운 상태에서 시험을 보아 사시에 최종합격하는 것을 목표로 공부를 시작하였다.

독자중에는 필자가 서울대학교 법학부에서 3년간 위탁교육을 받은 것이 사법시험을 보는데 대단한 어드벤티지라고 생각하시는 분도 계실 것이다. 또 그렇게 생각하고서 법학석사 과정이나 법과대학 학부편입을 생각하시는 분도 계실 것이다.

그러나 뒤돌아서 생각해보면 그렇지 않은 것 같다. 오히려 3년간 풀타임으로 사법시험준비에 매진하였다면 사시합격에는 더 유리했을 지도 모른다. 우리는 게임의 법칙을 안다. 사법시험을 보는 데에 필요한 공부방법과 학위를 받는 데에 필요한 공부방법에는 약간의 차이가 있다. 서울대학교 법학부에서의 수업시간은 필자가 '법학' 에 대해 보다 깊은 소양과 넓은 안목을 갖게 해 주는데 많은 도움을 준 것은 분명하지만, 객관식 시험인 1차시험과 논술형 시험인 2차시험에 결정적인 도움은 주지는 못했다.

지금 생각해보면 나는 참 겁도 없이 사시에 뛰어든 것 같다.

이제까지 살아오면서 각종 선발시험에 불합격을 해본 적이 없기에 사법시험도 꽤나 만만한 시험으로 착각하였다. 그래서 남들이 '서울대에서 공부해라' 또는 '신림동에서 있어야 한다' 등의 조언을 할 때에도 '사시 1차시험이야 별 것 있겠어?' 하고 마음을 닫고 집에서 독서실을 오가며 공부하였다.

아침 8시부터 새벽 1시까지 공부했지만, 수험정보가 거의 없었고 막연한 자신감만 있었던 나는 보기 좋게 쓴맛을 보았다. 남들이 보지 않는 기본서와 문제집으로 공부했는데, 나름대로 열심히 준비했음에도 불구하고 45회 사법시험 1차 시험을 7문제, 즉 평균 4.4점 정도 차이로 낙방하였다.

그 때부터 나는 마음을 완전히 열어젖히기로 결심하였다.

즉 수험생활이 끝날 때까지 귀가 얇게 살지는 않되 오픈 마인드로 스폰지처럼 여러가지 정보를 흡수해가면서 공부하기로 결정하였다. 왜냐하면 그 당시 나이가 서른살을 넘어가고 있었으며, 앞으로 남은 시간은 2년밖에 없었기 때문이었다. 수험정보를 구하기 위해서 이미 사법시험에 합격한 사람들에게 진심으로 조언을 구했으며, 현실과 인터넷을 오고가며 정보를 구하였고 어떻게 공부하는 것이 합격의 지름길인지 고민하였다. 나만 바라보고 있던 아내와 아직 어렸던 아들과 딸에게는 미안한 일이었지만, 나는 공부를 위해 가족과 떨어져 살기로 결심하였고 신림동 근처에 원룸을 잡아 학교 오가는 시간을 최소화하였다. 지금 생각해보면 아찔한 일이었는데, 통학시간을 줄이기 위해 신림동과 서울대 사이를 중고 스쿠터를 타고서 쌩쌩 달리기도 하였다. 여름방학이 되기 전에 민소법과 행정법을 정리하였고, 여름방학이 시작되면서부터 남들이 가장 많이 보는 기본서와 남들이 가장 많이 선택한 학원의 진도별 모의고사로 1차 시험을 준비하기 시작했다. 그 결과, 두번째 1차시험은 평균 92.5점으로 넉넉히 붙게 되었다.

위탁교육 2년차 당시 서울대학교 법대 5층 열람실에서 공부하던 모습

자만과 좌절, 또 좌절

1차 낙방후 1년 동안 죽을 힘을 다해 공부하니 전년과는 다르게 기본3법(헌법, 민법, 형법)에 대한 개념을 잡게 되었다.

그래서 이제 '후4법(행정법, 민소법, 형소법, 상법)만 잘하면 사시에 합격하겠구나' 라는 생각이 들었다. 그러나 동차기에는 1차시험을 준비했던 때와는 달리 생각만큼 공부진도를 나가지 못했다. 지금 생각해보면 아마도 그 때 조금은 우쭐해하면서 느슨하게 공부했지 않았나 하는 생각이 든다. 앞으로 다가올 주경야독의 시간은 생각도 못한 채 그렇게 3개월을 지내고 초시(1차시험에 처음 합격한 사람이 치루는 2차시험. 이후 재시, 3시, 4시, 5시라고 한다)를 치뤘는데, 성적이 그다지 좋지 않았다. 기본삼법은 커트라인 부근이었지만, 후사법중 3개 과목이 과락이었다. 막판정리도 하지 못했으며, 개념과 쟁점도 희미하게 기억할 뿐이었으니 당연한 일이었다. 시험을 치루고 3~4일 동안 푹 쉰 뒤에 재시준비를 시작하였다.

2004년도 가을이 다가오자 위탁교육을 종료하고 야전부대로 복귀해야 된다는 부담감이 엄습했다. 「군대는 아무리 편해도 군대」 이다. 군대로 복귀하면 조직 내에서 각자 부여된 임무를 수행해야 되기 때문에 야전부대에 나가서 사시공부는 꿈도 못꿀 일이었다. 45회 사시 1차의 실패가 두고두고 마음에 걸렸던 시기였다. 다행히 나와 같은 케이스로 공부하다가 육사에서 교관 근무중 사시 46회에 최종합격했던 송광석 선배께서 여기저기 수소문하여 그나마 여건이 되는 육사 리더십센터에 생활지도관 자리를 알아봐 주었고, 나는 육사에서 일하면서 공부하여 2차시험을 준비하기로 마음먹었다. 사실 그 때 송선배의 관심과 노력이 없었다면 나는 지금 2차 시험에 대한 미련을 가진 채 야전에서 군생활을 계속하고 있었을 것이다.

04년 송광석 선배 졸업당시 모습. 좌측에서 두 번째가 송광석 선배이고, 좌측에서 네 번째가 필자. 맨 좌측은 필자와 절친한 최인석 경정(사시 44회 합격), 중앙은 육사교수 김회동소령, 맨 우측은 서울대 법학부 편입동기인 정근혁군

육사에서의 시험준비는 그다지 만만치 않았다. 공부장소를 신림동에서 육사로 옮기니 시험정보가 완전히 차단되는 느낌

이 들었다. 심리적으로 위축되고 상대적인 불안감이 가중되었으며, 매일 봐오던 학원 시험을 보지 못하게 되니 현재의 내 실력을 정확히 확인할 수도 없었다. 그러나 나는 포기하지 않고 시험준비를 계속하였고, 주변의 선배장교님들도 애정과 관심을 보이시면서 시험이 얼마 남지 않은 시기에는 업무를 많이 도와주셨다. 불안해하면서 준비했던 재시가 코앞으로 다가왔다. 3박 4일 동안 10시간 내외밖에 못 자면서 죽을 힘을 다해 재시를 치뤘지만 결과는 불합격이었다. 커트라인에서 총점 3점이 부족했는데 정말 통탄할 지경이었다. 하지만 내가 현실을 받아들이지 못한다고 해서 달라지는 것은 없었다. 다시 1차시험 준비를 시작하려니 다소 막막한 느낌이 들었지만, 기본서만 완벽히 소화하고 들어간다는 생각으로 책을 다시 잡았고, 2월부터 전범위 모의고사를 3~4회분 정도 연습한 뒤에 48회 사시 1차 시험에 도전하였다. 준비는 부족하였으나 다행히 93점으로 합격하였다.

이제 3시를 치를 차례가 되었다. 그런데 3시 때의 공부방법은 재시 때와 변함이 없었다. 최근 몇 년간 사시의 흐름을 본다면, 사시 2차시험 문제의 수준은 디지털시대의 변화처럼 매년 새롭게 업그레이드되고 있는 추세인데, 나의 2차시험 공부방법은 과거 아날로그 시대와 별반 다른 것이 없었던 것이었다. 결국 3시도 총점 4점차로 떨어졌다. 속으로는 분통이 터졌으나 문제출제유형에 대한 정보수집도 없이 무작정 열심히 공부했으니 당연한 일이었다.

또 다시 와신상담의 시간이 도래했다. 나는 다음번 2차시험을 마지막 기회라고 생각하고 이번에는 반드시 합격하겠다고 결심하였다. 왜냐하면 선배 및 동료들에게 도움의 손길을 요청하기에는 너무도 죄송한 마음이 앞섰기 때문이었다. 그래서 49회 2차시험 준비는 앞의 두 번의 경우와는 달리 최대한 많은 정보를 가지고 시험에 임하기로 마음먹었다. 주간에는 짬짬이 복습 및 정리를 하고 야간에는 인터넷으로 2·3·4순환의 학원강의를 모조리 수강하였으며, 모의고사도 다운로드 받아서 꾸준히 답안작성을 연습했다. 4시가 무적이라고 하지 않았던가. 시험 직전의 내 수준을 뒤돌아보면, 과목별로 거의 모든 쟁점을 거의 완벽하게 암기하고 있었으며, 시험을 볼 때에도 아는 문제들이 나왔다고 생각하여 자신감있게 답안을 작성했던 것으로 기억된다. 논점이 누락된 부분도 많지 않았고 예년에 비해 나름대로 답안지를 잘 썼다고 생각했기에 좋은 결과를 기대하였다. 그러나 49회 2차시험 합격자 발표가 있던 날, 나는 다시 한번 고개를 떨굴 수밖에 없었다. 총점 4.5점 부족.

그렇게 내리 세 번을 과락없이 총점부족으로 떨어진 것이었다.

벼랑끝에 서다

07년 7월, 나는 생활지도관에서 군사훈련교관으로 자리를 옮겼다. 육사에서 군사훈련교관이란 직책은 장차 군의 간성으로 성장할 사관생도들에게 군사학 과목을 지도해야 되는 중요한 자리였기 때문에 직무에의 헌신이 매우 강하게 요구되는 곳이었다. 그리고 교관이란 직책은 성격상 옆에서 누가 도와주거나, 일을 덜어줄 수도 있는 것들도 별로 없었다. 즉, 교관인 내가 스스로 과목을 연구하여 수업 및 훈련 계획과 준비, 실시, 평가를 직접 해야 되었다. 07년 2학기 수업은 직전에 육사 리더십센터에서 근무한 경험을 살려 군 지휘통솔과목을 가르쳤는데, 지휘통솔의 핵심인 솔선수범을 실천해야 될 교관이 부끄럽게도 2차시험에 내리 낙방을 하니, 생도들 앞에 서면 민망한 마음이 앞섰다.

4시에 불합격하면서 여러 가지 위기가 동시에 들이닥쳤다.

우선 그동안의 군 경력이 문제가 되었다. 다른 동기들은 전후방의 야전부대에서 착실히 근무하면서 자신만의 특기를 살리고 있을 때, 나는 수도권에서 한가로이(?) 사시 공부만 하고 있었다. 당연히 나는 동기들보다 상대적으로 엄청나게 뒤쳐진 입장에 있었고 어떻게 만회할 것인지 고민을 하게 만들었다.

두 번째 위기로는, 그동안의 고시공부의 후유증인지 몸에도 이상징후가 나타나기 시작했다. 치아가 급격히 안좋아진 것은 둘째 치더라도, 07년 겨울이 되면서부터는 왼팔의 뼛속이 쑤시는 증세가 나타나기 시작하였다. 얼마 지나지 않아서 며칠 동안 왼쪽 어깨로부터 왼손의 손가락까지 마디마디가 부러진 것과 같은 극심한 고통이 엄습했고, 증세가 심한 날에는 아예 왼팔 전체에 감각이 없을 정도로 마비되는 느낌도 들었다. 약국에서 진통제를 구입해서 하루에 10정이나 먹어가면서 한동안 참고 버텨보고자 노력했지만, 결국 치료받을 것을 결심하고 08년 1월초가 되어서야 없는 시간을 쪼개어 고려대학병원에 갔다. 의사의 권유에 따라 MRI를 찍어 보았는데 중증 목디스크로 판명되었다. 이로 인해 몇 달동안 꽤나 고생을 하게 되었다.

세 번째 어려움으로, 군사훈련교관으로서 08년 육사 신입생도들에 대한 기초군사훈련을 준비해야 되었고, 졸업생들에 대한 훈련 등 몇가지 군사학 과목에 대해 수주간의 동계야외훈련을 준비하고 실시해야 했다. 즉, 과거에 비해 가용시간이 절반 이하로 감소하게 된 것이다. 이러한 위기들은 앞으로의 수험생활이 가시밭길이 될 것임을 예고하는 전조였다.

다시 1차시험을 준비하면서 '몸도 아프고 시간도 없으니 이제 사법시험은 포기해야 되는 게 아닌가?' 하는 생각이 들었다. 주변의 기대도 싸늘히 식어 있었고 자격지심에 주변 동료들을 쳐다볼 수도 없게 되었다. 그러나 나를 부하로 데리고 있던 직속상관들은 여전히 나에게 사시 도전에 대한 기대와 격려를 하셨고, 나는 이러한 기대를 저버릴 수 없었다. 재활운동을 통해 노력한 결과 목디스크는 차츰 호전되었으며, 생도들에 대한 교육도 주변으로부터 나쁘지 않은 평가를 받았다.

막판에 번갯불과 같이 정리하고 1차시험을 치르게 되었는데, 다행히 평균 88점이란 점수가 나왔다.

어려움이 있다고 그냥 포기하는 것은 군인정신이 부족한 것이다. 내가 육사를 졸업하지 않았고 전방에서 중대장을 해보지 않았더라면, 과연 올해와 같은 상황에서 1차시험의 합격이 가능했을까?

올해 2차시험 준비는 예년과는 완전히 다른 방식으로 진행되었다. 그 이유는 앞서 말한 바와 같이 예년과 비교하여 가용시간이 상당부분 감소하였기 때문이었다. 교관으로서 기본업무인 수업준비와 진행에 엄청나게 많은 시간이 필요하였고, 학기 중의 군사훈련준비와 부서 내에서 할당된 업무 등으로 인해 별도의 추가적인 시간배분이 요구되었다.

혹자(或者)는 교관으로서 역할은 대충 때우면 될 것 아니냐고 반문하겠지만, 나는 남들로부터 좋지 못한 평가를 받으면 참고 견디지 못하는 성격이다. 보통 사람들은 '사시 준비하는 사람이 무슨 수업을 잘하겠는가?' 생각하겠지만, 나는 자기 일도 제대로 못하는 사람이 사시에 합격할 수는 없다고 생각한다.

어찌 되었건 최소한의 시간으로 최대한의 효과를 달성해야 올해 2차시험에 합격할 수 있었는데, 수험전략을 어떻게 꾸릴 것인지가 관건이었다.

우선 각 과목별로 어떤 식으로 답안을 작성할 것인지 새롭게 고민하고, 어느 부분에서 시험이 출제되었는지, 어떻게 공부할 것인지 등에 대해 새로운 전략을 세웠다. 그리고 예년처럼 틈틈이 그러나 꾸준히 준비해 나갔다. 2차 시험 직전에 2주간의 휴가를 신청하였고, 2차시험이 끝나는 날까지 쉬는 시간 없이 전력을 다하였다. 1학기 내내 무척 바쁘고 힘들었지만, 결국 시험을 무사히 치를 수 있게 되었고, 그렇게 나의 마지막 2차시험은 끝나게 되었다.

기다리던 꽃은 피고

08년 8월, 나는 육군대학에 학생장교로 입교하라는 발령을 받았다. 정든 육사 교정을 떠나게 되니 아쉬운 마음이 들었지만, '이제는 당분간 사법시험 공부를 안해도 되겠구나' 라는 생각에 안도감이 들었다. 그런데 육군대학에 가보니 그곳에는 또 다른 종류의 수험생활이 기다리고 있었다. 소령급 고급장교의 보수교육과정인 육군대학 기본과정에서 각 개인의 군사학성적은 장차 그 사람이 상위계급으로 진출할 것인지 여부에 결정적인 영향을 미치게 된다. 따라서 모든 학생장교들은 너나 할 것 없이 자신의 모든 열정을 군사학공부에 투입한다.

6년간의 고시공부로 단련된 나였지만 그곳에서 살아남기 위해 공부한 시간들은 고시공부 때보다 더 힘들었다. 나는 열심히 노력했음에도 불구하고 육대 기본과정에서 최상위권에는 포함되지 못했는데, 다른 학생장교들을 보면서 '목표를 세우고 최선을 다해 열정적으로 덤벼든다면 그 사람의 경력이 어떠하든지 간에 어떤 시험에서든 최고가 될 수 있다' 는 것을 느꼈다.

그렇게 학생장교로 생활하면서 3개월 정도를 고되게 보내고 있었는데, 잊고 지내던 사시 합격자 발표일이 눈앞에 다가

왔다.

합격자발표 전주 목요일이었다. 나는 수업을 마치고 집에 가던 친구 김태연소령을 붙잡고 커피나 한잔 하자고 했다. 태연이는 성품이 푸근하고 늘 긍정적으로 열심히 사는 친구이다. 이런 성격으로 태연이와 허물없이 지내는 선후배들이 많다. 업무도 매끄럽고 깔끔하게 잘 처리해서 태연이를 신뢰하는 윗사람들도 많이 계신다. 또한 육사 생도대에서 3년여를 함께 근무했기에 나를 잘 아는 동기생이기도 하다. 나는 바쁘고 힘든 육대 기본과정에서 내 얘기를 이해하고 들어줄 사람은 태연이 밖에 없다고 생각하고 아예 작정하고 신세한탄을 늘어놓았다.

"태연아. 나 군대에서 쫓겨날 것 같아."
"그게 뭔 소리야?"

"6년 넘게 사시 준비를 했는데, 올해도 떨어지면 남들이 뭐라고 생각하겠어? 고시공부하려고 군대들어왔냐고 하겠지. 등에 고시생 딱지가 커다랗게 붙어있는데, 이걸 어떻게 떼겠냐? 애당초 야전에서 사법고시한다고 덤빈 내가 잘못이지."
푸념만 계속 이어졌다.
"야, 그런 식으로 따지면 군대에 남아있을 사람은 한명도 없겠다. 지금 군대에 석박사가 얼마나 많은데 그런 소릴 해?"

태연이는 여느 때처럼 용기를 북돋아 주고 싶어 했지만 현실은 그렇지 못했다. 위탁교육의 목표를 달성한 사람들과 그렇지 못한 나는 차이가 있었다. 그렇다고 내게 석사학위가 있는 것도 아니었다. 올해에도 불합격한다면 잘해봐야 군대 내에서 아웃사이더로 남을 수 있을 뿐이었다. 게다가 지금까지 나의 사시합격만 바라면서 갖은 고생을 참아오며 살아왔던 가족들에게 사법시험을 접고 이제 다시 새로이 야전군인으로 출발하겠다고 얘기해야 된다는 것은 난처한 일이었다. 현실은 '군생활이냐, 사법고시냐'의 양자택일의 문제였다. 1시간이 넘는 위로에도 불구하고 마음은 별로 가볍지 않았다.

발표일이 다가오자 나는 부모님과 전화통화도 하지 못했다. 작년에 사시 합격자발표 전주에 아버지께 전화로 안부인사를 올렸는데, 처음에는 합격한 줄 아시고 기뻐하시다가 나중에 별 것 없다는 사실을 알고 실망하셨던 적이 있다. 더욱이 그해 낙방했기에 충격은 더욱 크셨을 것이다. 다시는 이런 경거망동을 하지 않기로 다짐했다. 그런데 올해에는 장인어른께서 예년과 달리 내게 전화를 많이 하셨다. 세상일은 어떻게 될지 아무도 모른다는 말씀을 하시면서, 과거에 잘 된 것이 현재에도 좋은 것만은 아니며 현재 불행하다고 느껴져도 미래에 더 좋은 결과가 나올 수 있다고 하셨다. 아내에게 불안감을 털어놓으니 이 얘기가 처가에 전해져서 내 걱정을 덜어주고자 그러신 것 같았다.

시간은 초조하게 흘러가고 있었고, 육대 공부는 손에 잡히지 않았다. 살아있지만 사는 것 같은 느낌이 들지 않았다.

예년에는 합격자 발표 당일에는 핸드폰을 꺼놓았다. 재시

때 합격소식을 눈이 빠지게 기다렸지만, 결국 저녁이 되어서야 위로 메시지를 받고 눈물을 흘린 기억이 있다. 그런 아픈 기억이 있어서 아예 핸드폰을 안보고 있는 편이 마음이 편했다.

사람들은 기쁜 소식을 접하면 앞 다투어 전해주고 축하해주려 한다. 반대로 나쁜 소식을 전하면서 위로를 건네기란 당사자와 막역지우(莫逆之友)의 사이라도 여간 거림직한 일이 아닐 수 없다. 합격자나 진급자 발표가 있는 경우에 더욱 그렇다. 사법시험의 경우도 마찬가지일 것이다. 만약에 독자가 합격했다면, 수많은 접속자로 인해 폭주상태에 빠진 법무부 홈페이지에서 합격자 명단이 뜨기만을 초조한 마음으로 기다리는 중에 쉴 새 없이 우는 핸드폰 때문에 입가에 미소를 짓게 될 것이다.

나는 예년과 달리 합격자 발표 당일에 핸드폰을 켜 놓았다. 발표 전날에 혼자서 참모총장님께 브리핑을 하는 꿈을 꾸었기 때문이었다. 육대 성적이 수석급이 아니었기에 무언가 다른 이유가 있을 것이라고 생각했다. 예감이 좋았다. 핸드폰 벨소리를 진동으로 해 두고서 바지춤이 부르르 떨리기만을 기다렸다. 수업중인 교실에서는 학생장교들 사이에 열띤 전술토의가 벌어지고 있었지만, 내 귀에 들어오는 말소리는 별로 없는 것처럼 느껴졌다.

12시가 조금 넘었을까? 바지 주머니가 살짝 떨리기 시작했다.

"그동안 고생했다" 어머니의 눈물어린 문자메시지였다.

이어서 또 한통의 메시지가 왔다.

"축하해 합격이야" 형이 보낸 메시지였다.

수십분이 지나서야 또 한통의 메시지가 왔다.

"합격했대" 내가 합격했다는 전화를 받고서 엉엉 울고 있던 아내가 겨우 정신을 차리고 보낸 메시지였다. 가족들은 내 합격소식에 눈물을 흘리고 목이 메어서 전화를 하는 대신에 그렇게 문자메시지를 보낸 것이었다.

내 머릿속에는 그동안의 기쁨과 좌절의 시간들이 파노라마 사진처럼 지나갔다. 쉽게 다가올 것 같던 합격소식은 그렇게 멀고도 험한 길을 돌고 난 뒤에서야 내게 찾아왔다.

"고생했다. 장하다." 아버지의 기쁜 목소리에 나의 힘들었던 수험생활은 이제 추억으로 변해버렸다.

너무나 기뻤던 나머지 점심 생각은 나지 않았다. 친구들 중에 누구한테 제일 먼저 합격소식을 전할 것인지가 문제였다. 며칠 전부터 나 때문에 걱정하고 있을 태연이가 생각났다. 수년간 내 사시합격을 기대해왔고 며칠 전에 커다란 걱정거리를 안겨준 친구에게 어서 빨리 소식을 전해 줘야 했다. 그런데 그냥 말해주는 것은 밋밋하다. 평소처럼 나의 장난기가 발동했다.

점심시간에 뒤뜰의 쉼터에 나가보니 태연이가 선배장교와 수업내용에 대해 이야기하고 있었다. 최대한 침울한 표정으로 태연이 옆으로 다가갔다.

　　“우찬아. 뭔일 있어?” 태연이는 공부하느라 사시 합격자 발표일이 다가온 것을 까먹고 있었다. 게다가 며칠 전 일도 있었고 내 표정연기도 수준급이었기에 말은 안했지만 내심 걱정스러운 표정이었다.

　　“태연아,얘기좀 하자.” 태연이의 눈이 둥그렇게 커졌다.
　　한쪽 구석으로 가서 둘이 담배를 주고받았다. 침묵이 흐르고 담배는 타들어갔다.
　　“태연아. 나 결심했어.” 태연이는 ‘올 것이 왔구나’ 라는 생각에 인상을 찌푸렸다.

　　“휴……” 태연이의 한숨소리와 함께 담배연기가 길게 뿜어져 나왔다.

　　“나 군생활 계속하기로 했다.”
　　“잘했어.” 태연이가 짧은 안도의 말을 건넸다.

　　“태연아. 나 사법시험 합격했데. 방금 연락왔다.”
　　“어…어…어…” 태연이가 말을 잇지 못했다.
　　“이~야! 진짜야? 이야! 하하하!” 더 이상의 말이 필요하지 않았다.

이 증서를 받기위해 6년여를 노력했다.

최종합격자 발표 후, 나는 육군대학 학생장교의 신분을 접어두고 다시 원래 소속부대였던 육군사관학교로 원복하게 되었다. 이른바 금의환향을 하게 된 것이다. 내가 육사로 복귀한 것은 참으로 기쁜 일이었다. 왜냐하면 사법연수원에 들어가기 전에 지금의 나를 있게 해준 선후배, 동료분들께 감사의 마음을 표할 기회를 가질 수 있게 되었고, 사랑하는 후배생도들에게 군사법 관련 교육을 할 수 있었기 때문이었다.

육사 간성문에 걸린 플랜카드 앞에서 군사훈련처 교관들과 함께. 모교 선후배들이 내 이름을 기억하고 함께 기뻐하며 박수를 친 것은 내인생 최대의 영광이자 기쁨이었다. 우측은 이은천소령님이고 중앙은 필자, 좌측은 내 후임교관인 윤재현소령이다.

새로운 기회와 헌신

　만약에 올해 사법시험에 불합격했더라면 지금 나의 모습은 어떠했을까? 한 사람의 인생은 과거와 연속된 현재이기에, 내 성격상 사법시험을 포기하지는 않았을 것이고 아마도 책상에 앉아서 후사법 정도의 책을 달달 외우고 있지 않을까 싶다.

　사실 올해 치뤘던 사법시험은 나를 "군생활이냐, 사법시험이냐" 라는 중대한 선택의 기로에 세운 시험이었고, 마침내 합격함으로써 다행히도 내가 그렇게 좋아하는 군에 계속 남아서 국가에 봉사할 기회를 갖게 되었다.

　내가 처음 사시공부를 시작할 때에는 '나와 같은 장교가 없게 하기 위해' 공부를 시작했다. 내가 사시에 합격하고 보니, 이제 나의 꿈은 '나 정도의 법적 판단능력을 가진 장교를 만들기 위해' 군생활을 하고 싶다. "법적 판단능력" 이라고 하니 거창해 보이지만, 일반 사회에서 통용되는 사회상규와 조리에 맞추어 행동한다면 구체적인 법조문을 알지 못한다고 해도 크게 어긋남이 없을 것이다. 생각이 깊고 경험이 풍부한 사람은 지혜가 넘친다. 후배장교들은 이러한 군 선배들과 함께 근무하면서 성장하게 될 것이고, 여기에 나의 조그만 노력이

더해진다면 우리 군이 임무를 완수하는데 조금 더 보탬이 되
지 않을까 싶다.

나의 아내와 아이들

나는 결혼을 일찍해서 아들, 딸 둘이 있는 상태에서 고시공부를 시작했다. 내 아내인 경아는 연세대 음대를 졸업하고 서울대학교 음악 대학원에서 석사학위를 받았으며, 내가 고시공부를 시작하던 해인 2002년부터 인천시향에 플루트 부수석으로 자리를 잡게 되었다.

부부가 맞벌이를 했고, 가장이 고시공부를 했던 터라 우리 집은 늘 바빴다. 홀아비처럼 사는 남편을 위해 아내는 한달에 2~3차례 고시원이나 아파트에 먹을 것을 싸들고 왔고 청소를 도와주었다. 나는 일주일에 한번정도 집에 갔는데, 꽃다발 대신 늘 빨래더미만 안겨주었다.

큰아들 성훈이는 어려서부터 기억력이 아주 좋았고, 남들 앞에서 말을 참 잘했다. 아들은 책의 내용을 줄줄 외우고 다녔는데, 다행히 머리가 나보다 훨씬 좋은 듯하다. 장난기가 넘치는 개구쟁이지만, 마음은 늘 인정이 넘쳐서 아비로서 안심이 되었다.

둘째는 민선이로 나랑 많이 닮았다. 나의 어린 시절을 보는 것 같아서 어떤 상황에서 어떤 행동이 나올지 예측이 가능했다. 꼭 분신과도 같은 느낌이다. 자식이 있다는 것은 이런 점에서 참 즐거운 일이다.

어쨌든 아빠는 고시공부로, 엄마는 직장생활로 바쁘다보니 아이들에게는 늘 애틋하고 미안한 감정이 앞섰다. 남들보다 더 해주고 싶고, 더 안아주고 싶지만 여건 때문에 그러지 못한다는 것은 괴로운 일이었다.

다행히 6년여만에 합격을 해서 이제는 함께 살고 있다. 간혹 집에 가면 집안의 분위기가 빈집처럼 쓸쓸하게 느껴졌는데, 이제는 함께 사니 아이들이 밝게 지내는 것 같다.

수험기간중 간간히 아내와 아이들을 보는 것은 내가 시험공부의 어려움을 이겨나가는 데에 큰 도움이 되었다. 가장으로서의 책임감은 나를 공부에 매진하게 만들었으며, 아이들의 맑은 눈에 기쁨을 안겨주고 싶었다. 비록 지금은 아이들이 어려서 단지 아빠와 함께 살 수 있다는 것 자체만으로 좋아하지만, 언젠가 철들 나이가 되면 아비가 어떤 길을 걸었는지 알게 되리라 믿는다.

Part 02 시험준비에 필요한 것들

들어가며

나는 최근 몇년간 사법시험만 준비했기에 이하 언급할 내용들은 사법시험에 국한하고자 한다. 하지만 사법시험이 다른 국가고시와 비교해서 난이도가 높음은 널리 알려진 바이므로, 만약 다른 시험에 사법시험과 형식상 유사성이 존재한다면 이하의 방법을 적용해도 틀리지 않을 것이다. 비록 유사하지 않은 시험을 준비한다고 해도 대부분의 시험은 기본적인 준비과정을 거쳐 최종정리후 시험에 임하게 되므로 아래와 동일한 과정을 거친다고 해도 효과적일 것이라고 확신한다.

시험을 준비하는 이유

서두에서 내가 왜 사법시험을 준비하게 되었는지 말하였다. 이제 본격적으로 공부방법을 말하기에 앞서서 필자가 독자에게 묻고 싶은 것이 있다. "당신은 왜 시험을 준비하십니까?"

"why"라는 것은 어떤 일을 하던지 반드시 생각해 보아야 한다. 육하원칙 중에 "why"에 대한 고민이 없다면 그 사람은 자기의 삶을 피동적으로 살아가게 된다. 또 동기부여도 남들보다 뒤쳐지게 된다. 아무런 이유없이 단지 남이 시키니까 하는 정도의 행동은 청소년기를 마지막으로 끝내야 한다. 그리고 "why"에 대한 진지한 고민은 시험의 당락을 결정하기도 한다.

그 "why"에 대한 답변의 내용도 살펴보아야 한다. 어떤 사람은 "시험에 합격해서 큰돈을 벌기 위해 준비한다"고 대답한다. 그런 답을 한 사람은 뭔가 조금은 잘못알고 있는 사람이다. 과거에는 어떠했는지 몰라도 현재처럼 고급인력들이 넘치는 사회사정을 고려할 때, 시험에 합격해서(설령 변호사를 한다고 해도) 큰돈을 단숨에 벌기란 만만치 않을 것이다. 차라리 그 노력으로 다른 직종의 문을 두들기면 더 손쉬운 돈벌이 수단이 여러 가지가 있을 것이다.(예를 들어 잘나가는 학원

강사를 보라!). 공무원시험을 보는 사람이 이런 생각을 한다면 단단히 오해하고 있는 것이다. 공무원은 큰돈을 모으기에는 부적합한 직업이다. 나는 직업으로 13년간 군인을 해 왔기에 잘 아는데, 알뜰하게 살아도 별로 모이지 않는 게 공무원 봉급이다. 여하튼 이런 부류의 답을 하시는 분들은 나중에 현실을 알게 된다면 학업에 대한 동기부여가 급격히 저하된다. 즉 시험에 통과하지도 못하면서 '되도 고민'을 먼저 생각하게 된다.

혹시 나쁜 마음을 품고 시험준비를 하고 있는 사람이 있는가? 그런 사람들은 아무리 열심히 노력해서 시험을 본다고 하더라도 99% 불합격할 것이다. 하늘이 돕는 자만이 자격시험에 합격할 수 있다. 운이 좋아 시험에 합격한다고 하더라도 이는 더 큰 불행의 예고편에 불과하다. 그러한 예는 최근 인터넷이나 신문지상에 떠도는 불미스러운 사건들을 보면 알 수 있다.

대부분의 수험생들은 선량하고 순수한 동기, 즉 보람되고 자부심 있는 생계수단을 얻거나 추가하기 위해 다양한 자격시험에 임하고 있을 것이다. 필자가 "why"에 대해 생각해보라고 말하는 것은 시험준비에 힘들고 지칠 때 여러분들이 왜 시험을 준비하는지 고민하고 다시 한번 힘을 내서 달려가라고 말하고 싶기 때문이다. 시험을 준비하는 이유가 절박할수록(예를 들어 혼자서 여러 명의 생계를 책임지고 있는 경우 또는 필자처럼 이번에 합격하지 못하면 인생항로가 뒤틀리는 경우) 시험에 합격할 확률이 높아진다.(이는 집중력과 연관되기도 한다) 실제로 우리는 불우한 환경에도 불구하고 시험에 도전했다가 마침내 합격해서 장안의 화제가 된 경우를 뉴스에서 종종 접한다.

독자들의 동기부여를 위해서 사법시험에 합격하면 수험생 시절과 비교해서 무엇이 달라지는지 말해 주겠다. 사시 합격을 했다고 하여 당장 외형적으로 변하는 것은 별로 없다. 다만 은행으로부터 많은 돈을 좀 더 쉽게 빌려 쓸 수는 있다. 그러나 장차 자기 인생을 담보로 돈을 빌리는 것이기에 안하는 것이 속편하다. 진정 달라지는 것은 내면적인 것으로, 자기 자신에 대한 자기의 평가(자아존중감)가 상당히 올라감을 느끼게 될 것이다. 나는 시험에 합격하고 나서 신수가 훤해졌다는 이야기를 많이 듣는다. 사시 준비에 찌든 모습에서 벗어난 것도 하나의 이유가 되겠지만, 어디에 있던지 당당하게 행동할 수 있기 때문일 것이다. 나에 대한 남들의 생각은 나에 대한 나 자신의 평가로 덮어버릴 수 있다. 이런 연유로 사시 합격자들이 거만하게 행동한다고 오해받기도 한다. 어쨌든 자기를 소개할 때 사시 합격생 또는 연수원생, 법조인 등으로 수식할 수 있다는 것은 평생동안 인생을 당당하게 살 수 있는 특권이라고 할 수 있다.

궁정적, 적극적 사고방식

솔직히 나는 성격이 대단히 낙천적이다. 2차시험 성적이 썩 좋지 못했음에도 불구하고 당당히 이런 종류의 책을 쓰는 것을 보면 그러함이 분명하다.(물론 나는 내가 처한 여건에서 최선을 다했고, 결과에 대해 만족한다) 인생을 살아오면서 간혹 못 견딜 정도로 아주 힘겨울 때에는 즐거웠던 순간들을 상상하면서 현재 내가 그러한 시간을 보내고 있다고 주문을 외우기도 한다. 예를 들면, 3박4일간 밤을 새워 훈련한 후 철야행군으로 복귀할 경우에는 내가 지금 휴가를 가기 위해 버스를 타러 가는 길이라고 생각한다. 이런 성격 덕분에 웬만한 스트레스는 별로 개의치 않고 넘어갈 수 있었다고 생각한다.

나는 십여년 전에 「신념의 마력」이란 책을 감명깊게 보았다. 이 책은 '사람의 인생은 자신이 생각하는 방향으로 진행된다' 는 내용의 책이다. 현재 베스트셀러인 "시크릿(The Secret)"도 비슷한 내용을 담고 있다. 안된다고 생각하면 정말로 안된다. "이번에는 될까?" 하고 의심을 품으면 "올해도 역시" 하고 떨어진다. 언제나 합격하는 생각만 하고 열심히 기원해야 붙는다. 적극적으로 모든 열정을 다 바쳐도 붙을까 말까 하는 것이 선발시험인데, 어찌 의심을 품으면서 붙기를 기대할 수 있겠는가? 이런 저런 일로 인해서 공부시간을 충분히 확보하지 못했던 독자들도 그로 인해 시험 합격에 대해 의심을 갖는 우를 범하지 말고 꾸준히 밀고 나가기 바란다. 뜻이 있는 곳에 길이 있다.

이 책을 쓰는 와중에도 내 주변에는 이런 종류의 책을 쓰는 것은 헛수고가 될 것이라며 만류하는 분들도 계셨다. 결과가 어떻게 될 지는 두고 볼 일이지만, 일단 결심을 하면 결과가 좋을 것이라고 믿고 밀어붙이는 편이 속시원하다. 지금 쓰지 않는다면 쓸모 있는 노하우를 사장(死藏)시킨 것에 대해 후회하면서 살거나, 아니면 10여년 후 변호사가 되어서 잘 알지도 못하는 변호사 시험에 대해 이러쿵저러쿵 훈수를 두려고 할 것이지 않는가?

많은 사람들은 새롭게 시작하는 것을 두려워한다. 일단 '해야 하는데' 라고 마음먹으면서도 실제 실천에 옮기는 데에는 많은 시간이 걸린다. 예를 들어 운동이 부족한 다소 뚱뚱한 사람이 '살을 빼기 위해 테니스를 배우겠다' 고 결심을 했다 치자. 보통의 경우에는 테니스 라켓을 구입하는 데에 약 1주일 정도 소요된다. 그리고 레슨을 받기 위해 주변에 테니스 코트를 알아보는 데에 1주가 더 걸린다. 그리고 엄청나게 비싼 레슨비 때문에 등록 여부를 갖고 한달 넘게 고민한다. 그러던 와중에 계절은 바뀌고 장마철이 되던지 아니면 겨울이 다가온다. 결국 해가 넘어가고, 특별한 사정이 없는 한 그 사람은 테니스를 배우지 않는다. 나는 이러한 경우를 많이 봐왔다. 어떤 때에는 내가 그 주인공이기도 했다. 이러한 경우는 '테니스를 배우겠다’ 고 결심한 것 자체가 잘못이라고 생각한다. 차라리 아무런 생각없이 사는 편이 더 나았을 것이다. 일단 테니스를 쳐야 되는 필요성을 느꼈다면, 앞뒤 가리지 말고 덤벼야 할 것이다. 젊은 사람들에게는 인생이 길게 느껴지겠지만, 내가 서른살을 넘겨보니 하루하루가 너무도 빠르게 지나가는 것처럼 느껴진다. 1분이라도 더 빨리 결심하고, 결심과 동시에 행동으로 나아가지 않는다면 또 다른 기회가 올 확률은 점점 줄어들 것이다. 시험공부도 마찬가지다. 하다가 관둘 바에는 아예 하지 말기를 권한다. 일단 공부하기로 결심했으면 자신이 정한 최종목표를 달성할 때까지 절대로 중단하지 말아야 한다.

오픈마인드와 균형된 시각

공부를 한다는 것은 남의 것을 받아들이는 것이 전제가 되어야 한다. 자식을 길러본다면 알겠지만, 어린 아이들은 살아가는 방법을 스펀지처럼 빨아들여서 자기 것으로 만드는 능력이 있다. 말을 배울 때는 가르쳐주는 사람의 말을 따라하고 밥을 먹을 때도 그대로 흉내를 내면서 점차 인간의 모습으로 변해간다. 그런데 머리가 굵어지면서 점차 말을 듣지 않고 제멋대로 행동하게 된다. 마음이 닫히는 것이다. 그래서 부모들은 늘 당근과 채찍으로 아이들을 올바른 방향으로 이끌고자 노력한다.

왕년에 공부를 좀 했으나 현재는 시험에서 실패를 거듭하는 사람들과 과거에는 좀 놀았어도 현재에는 시험에 합격한 사람들의 차이점은 마음자세에 있는 것 같다. 전자의 경우에는 마음을 닫고 남의 말에 귀를 기울이지 않는다. 후자의 경우에는 마음을 열고 세상의 정보를 흡수하고 분석해서 자신의 처지에 맞게 소화시킨다. 전자의 사람들을 만나보면 벽을 보고 말하는 느낌이 들 정도로 매우 답답하다. 후자의 사람들은 대화가 잘 통하는 느낌이 든다.

어떤 사람들은 아예 자기만의 세계에 빠져 살기도 한다. 동일한 책을 보면서 같은 시험을 준비하지만, 이런 사람들은 책의 문구를 이상하게 해석한다. 난독증 환자인 것처럼 느껴질 때도 있다. 이들은 저자가 무슨 말을 하려고 하는지에 대해서 관심이 없다. 판례도 제 마음대로 해석하는 경향이 있다. 이런 사람들은 문제의 해석이 애당초 불가능하기 때문에 당연히 낙방을 거듭한다.

시험은 빨리 붙을수록 좋다. 그러기 위해서는 무수히 널려 있는 시험정보를 최대한 많이 접할 수 있어야 한다. 취득한 많은 정보 중에서 올바른 정보를 취사선택해야 합격이 다가온다. 정보가 들어오는 입구부터 여러 겹의 여과지를 걸쳐 놓는다면 분명 남들보다 뒤쳐질 것이다.

시험에 합격하기 위해서는 균형된 시각으로 사물을 바라보는 것도 중요하다. 폐쇄적인 사람들은 편협한 시각으로 사물과 사건을 해석한다. 이런 사람들은 한쪽만 바라보기에 사물의 본질을 파악하는 능력이 떨어진다.

마음가짐을 바꾸는 것은 그다지 쉬운 일이 아니다. 그러나 최소한 공부를 할 때에는 삐딱한 시선으로 책을 볼 것이 아니라, 마음을 열고 스펀지처럼 빨아들이려는 노력을 해야 될 것이다.

여건에 맞는 공부방법 선택

　적절한 공부방법을 선택하기 위해서는 자신이 처한 여건을 고려해야 한다. 일반적으로 사시에 합격하려면 하루 평균 12시간(순수 공부시간 9~10시간) 이상을 책상 앞에 앉아 있어야 한다. 그리고 어느 정도의 금전적 여유도 필요하다. 그런데 반드시 그런 것만은 아니다. 나의 경우도 그랬다. 나 이외에도 수많은 예외가 존재할 것이다.

　내가 사법시험에 합격하고 나서 곰곰이 생각해보니 '올바른 방법으로 공부에 전념한다면 1년만에 사법시험에 합격하는 것도 가능하겠구나' 라는 생각이 들었다. 말하자면 30대 직장인들도 1년동안 휴직하고 사시에 도전해서 합격을 맛볼 수 있다는 얘기이다. 단, 1차시험을 볼 수 있는 자격(영어대체시험 점수라던지 아니면 법학과목 이수학점 등의 요건)을 갖춘 것을 전제로 한다. 7월부터 하루에 13~14시간씩 공부하면 1차시험은 충분히 통과할 수 있고, 2차시험까지 남은 100일 동안 후사법을 3~4회독 돌리고 시험장에 들어간다면 붙고도 남음이 있다. 만약에 1년간 시험준비에 전념할 여건이 되지 못한다면, 2~3년 내에 합격하는 것을 목표로 삼고 접근해 나가는 것도 현실적이며 실현이 가능한 방안이라고 생각한다.

직장에 다니면서 공부하기 위해서는 시간확보가 매우 중요하다. 사시에 합격하기 위해서는 평균적으로 평일에는 하루 6시간 이상씩 공부하고, 주말에 몰아치기로 13~14시간 이상 공부해야 한다. 이러한 시간을 확보하기 위해서는 업무를 집중적으로 하는 습관이 필요하고 초단위 시간관리 능력을 길러야 한다. 직장동료와 한가로이 잡담을 나눌 시간도 없고 집에서 TV따위를 볼 시간은 더더욱 없다.

시험을 준비하는 데에는 약간의 금전적 준비도 필요하다.

통상 법률과목의 인터넷 강의를 듣는 데에는 과목당 10만원 이상이 필요하다. 법학관련 서적은 가격도 상당히 비싼 편으로 한권에 4~5만원이나 한다. 후술할 것이지만 책의 유효기간도 1년에 불과하여 추록이 나오지 않는다면 매년 책을 바꾸는 비용만으로도 수십만원을 허비하는 경우가 발생한다. 신림동에 원룸 월세를 얻어 살게 된다면 생활비로 매월 70~80만원이 추가적으로 필요할 것이다. 이러한 금전적 지출을 메우기 위해서는 보다 풍족한 삶을 포기하고 가족 전체가 정말 힘들게 살아야 할 경우도 맞이할 수 있다.

이처럼 시험 준비를 하는데 필요한 여건을 판단할 때에는 시간 및 금전적 여건이 매우 중요하다. 수험생들은 그 여건이 제각각이다. 어떤 사람들은 정말 좋은 여건에서 공부하고 있고, 그렇지 못한 사람들도 있다. 그런데 남들이 한다고 해서 무작정 따라할 수는 없다. 그리고 남들과 비교해서 더 많은 시간과 금전을 투자한다고 해서 반드시 성공하는 것도 아니다. 자신에게 적합한 시간계획을 마련하고, 적절하고 효율적인 금전투자로 최대의 효과를 발휘할 방법을 찾아가야 한다.

당연한 얘기지만, 누구든지 어떤 시험을 보던지 간에 합격을 목표로 독하게 덤벼들지 않고서는 쉽게 합격할 수가 없다.

여건이 열악하더라도 무섭게 달려가는 사람은 성공하는 반면에 여건이 아무리 좋아도 설렁설렁 공부하는 사람은 절대로 합격할 수 없다.

시간적 금전적 여유가 있음에도 불구하고 많은 수험생들이 목표에 도달하지 못하는 이유는 쉽게 포기한다거나, 잘못된 정보를 갖고 엉뚱한 방법으로 공부하였거나, 공부를 별로 안 하거나 또는 머리가 아주 나쁘거나(IQ 80 이하) 등으로 압축될 수 있다. 참고로 나는 IQ가 그다지 높지 않다는 것을 육사에 전입온 2005년 이후에야 알게 되었다. 내가 사법시험을 보겠다고 결심하기 전에 내 생도시절 IQ 점수를 보았더라면 절대로 이 길을 선택하지 않았을 것이다. 어쨌든 나처럼 평균정도의 IQ로도 사법시험을 통과할 수 있으므로, IQ는 어떤 종류의 시험이든지 합격하는 데에 그다지 문제가 되지 않을 것이다.

직장인 수험생의 경우

독자가 시험준비에만 전념할 수 있는 여건이 된다면 그것
은 큰 행운이다. 지난 3년간 일과 시험준비를 병행한 나로서
는 신림동에서 공부만 하는 사람들이 가장 부러웠다. 신림동
에 있는 사람들 중에는 자신들이 공부하는 것을 고생하는 것
으로 생각하는 사람들이 많이 있다. 나도 신림동에 있었을 때
에는 그랬던 것 같다. 그런데 나중에 일하면서 공부하다보니
그런 생각이 잘못되었다는 것을 알게 되었다. 자기 목표를 달
성하기 위해 필요한 공부에만 전념하는데 뭐가 고생이란 말인
가? 생각이 어릴 뿐이다. 오히려 아들 딸을 위해서 입을 것 먹
을 것 아껴가면서 노심초사 자식 장래를 걱정하는 부모들이
더 고생하는 것이다.

독자 중에 직장생활을 하면서 시험준비를 하는 분이 계시다
면 인생을 더욱 열심히 살아야 할 것이다. 한 사람이 두세가지
일을 병행한다는 것은 그다지 녹록하지 않다.

모교인 육사에서 근무하면서 사법시험을 준비한 나는 운이
좋은 편이라고 할 수 있다. 졸업후 9년만에 홈그라운드로 돌아
온 느낌이었으며, 주변은 후배에 대해 우호적인 분들로 넘쳐
났다. 하지만 나도 한 조직의 구성원으로서 부여된 역할이 있

었기에 처신을 잘해야 되었고, 뜻하지 않은 오해로 힘든 시기도 있었다.

일과 공부를 병행한다는 것은 많은 희생을 필요로 한다. 그러나 그러한 희생을 한다고 해서 독자의 직장에서 여러분의 노고를 알아줄 것이라고 기대하는 것은 큰 오산이다. 한 직장의 오너입장에서 보면, 조직발전에 기여하지 못하는 사람을 좋게 볼 이유가 없기 때문이다.

직장생활을 하면서 시험준비를 하는 것이 어려운 이유는 시간적 여건이 불비하다는 점도 있지만, 가장 큰 문제는 직장생활로 인한 스트레스로 인해 집중이 어렵다는 점이다. 그런데 직장생활을 잘하는 사람들은 신바람이 나기에 스트레스를 받지 않는다. 그렇다면 독자는 공부도 하면서 직장생활을 잘하는 방법을 연구해야 한다. 아래에 몇가지 팁을 제시한다.

우선 자신의 업무에 정통해야 된다. 그래야 시험준비를 위한 시간이 확보된다. 내가 교관역할을 수행하면서 사시를 준비할 수 있었던 것은 사전 연구를 통해 해당업무를 훤히 알고 있었기 때문이다. 일에 치이고 있다면 그로 인한 스트레스 때문에 공부에 집중할 수 없다. 통상의 업무는 한번 제대로 연구하면 두고두고 써먹을 수 있다. 따라서 반복되는 일상업무 따위는 빠른 시간 내에 통달해야 한다.

상급자에게 시험준비에 대해 솔직하게 이야기하되 그로 인해 특별한 도움을 줄 것은 기대하지 말아라. 나의 경우에는 너무나 고맙게도 도움을 주는 상급자들이 많이 계셨다. 이분들의 도움이 없었다면 나는 사법시험에 합격할 수 없었을 것이다. 그러나 독자도 이런 행운을 누릴 수 있는지는 알 수 없다.

통상의 경우, 그 시험이 자신이 몸담고 있는 조직의 발전에 어떻게 기여하는지 설명하고(예를 들어 회계업무를 담당하는 사람이 회계사 시험 준비를 하는 경우) 상관이 이에 대해 공감대를 형성한다면 도와주려고 할 것이다. 이처럼 자격시험 합격의 당위성에 대해 상하공감대가 형성되어 있거나, 기존에 돈독한 신뢰관계가 형성되어 있다면 상급자도 적극적으로 도와주려고 할 것이지만 최악의 경우에는 시험준비를 이유로 페널티를 가할 수도 있다. 그러나 이는 이미 각오한 바이므로 덤덤히 받아들이고 시험을 준비해야 한다. 즉, 이는 예상할 수 있는 범위내의 희생에 포함되는 사항이다.

그렇다면 페널티가 무서워서 눈치를 봐 가며 몰래 공부하는 것은 어떠한가? 업무시간 중에 몰래 책을 보다가 상급자가 다가오면 후다닥 치우거나, 학원에 가기 위해 이사람 저사람 문상을 다녀온다고 거짓말을 하는 것은 인간관계에 그다지 좋지 않을 것이다. 유능한 상사라면 부하직원에게 관심을 갖기 마련이고, 부하가 계속 거짓말을 하는 것을 느끼게 된다면 그 자를 불신하게 될 것이기 때문이다. 그래서 솔직하게 밝히라는 것이다. 인간관계라는 것은 신뢰를 주는 것이 필요하다.

조직내에서 존재감을 과시해라. 대외적인 보고나 활동이 있다면 여러분들의 관심과 능력을 기울여서 최선을 다해야 한다. 나의 경우 각종 훈련전에 교육준비보고를 하였는데, 정말 열심히 노력하였고 결과도 괜찮은 편이었다. 일단 잘한다는 소리를 들어야 운신의 폭이 확대되는 것이다. 아무것도 안하면서 달라고만 할 수는 없다.

자기 밑에 또 다른 구성원이 있다면 이들 조직을 적절히 활용할 수 있어야 한다. 나는 업무를 할 때 내가 주도적으로 하는 경향이 있다. 나는 오지랖이 넓어서인지 남의 일도 끌어와서 하는 경우가 많았다. 특히 아랫사람에게 일을 과감히 위임하지 않고 시시콜콜 간섭하는 경우가 많았는데, 이렇게 하기보다는 아랫사람의 능력을 계발하여 과감히 위임을 하고 중간 관리자로서의 역할을 잘 하는 편이 낫다.

하급자를 철저히 감독하라. 시험 준비를 하면 하급자에게 업무를 위임할 경우가 여러번 있을 것이다. 나는 아랫사람에게 일을 시키면 최초 업무의 방향제시와 중간점검, 최종 보고에 신경을 썼다. 그런데 시험이 다가오면서 어느 순간부터 내가 데리고 있던 하급자가 나를 우회하여 상급자와 직접 소통하는 일이 벌어지기 시작했다. 즉, 나의 노력을 자신의 공으로 가로채기 시작한 것이다. 나는 분명 중간 관리자로서 부여된 업무에 대해 확인·감독 역할을 게을리 하지 않았는데 상급자는 나를 조직에 기여하지 못하는 불필요한 존재로 오해하기 시작했다. 이런 종류의 오해는 시험준비를 계속해야 하는 나로서는 해명하기에도 참으로 난감한 일이 아닐 수 없었다. 이는 근본적으로 내가 시험준비를 하는 것에 대해 하급자에 대해 미안해하였기 때문에 발생한 것이었는데, 독자는 어떤 시험을 준비하던지 간에 절대로 하급자에게 미안해 할 필요가 없다. 그들은 직책상 여러분이 시키는 일을 하게 되어 있는 것이고, 여러분이 시험을 준비하는 것과 관계없이 어차피 하게 될 일을 하는 것뿐이다.

늘 역지사지를 해 보아라. 자기가 주변사람의 입장에 있을 때 그렇게 할 수 있을 것인지 고민해 보고 행동해야 한다. 무조건 자기 입장만 강요해서 남에게 피해를 주어서는 안된다.

감사의 마음을 표시해라. 보통의 사람들은 다른 사람의 마음을 읽지 못한다. 심지어는 얼굴을 잔뜩 찌푸리거나 밝게 웃는 표정을 지어도 말과 행동으로 표시를 하지 않으면 무덤덤하게 지나가기도 한다. 표시를 하는 것이 중요하다. 설령 상황이 어렵더라도 불평하지 말고 감사해 할 때에 더 좋은 기회가 주어진다.

이외에도 무수히 많은 처신술이 존재할 것이다. 무엇보다도 독자가 처한 상황에 맞게 고민하고 행동해야 할 것이다. 만약 독자가 견디기 힘들 정도로 어렵다면 다소의 리스크를 걸고 휴직을 택하는 방법도 있다. 이는 시험합격으로 인한 메리트와 불합격시 휴직으로 인한 리스크를 비교해서 결정할 일이다.

구체적인 목표를 세워라

공부를 할 때에는 구체적인 목표를 세워놓고 그 목표를 달성하기 위해 노력해야 한다. 추상적으로 한번 들춰본다는 생각을 하면서 공부를 시작한다면 실패할 확률이 높다. 이러한 목표는 월단위, 주단위, 일단위, 시간단위 목표로 세분화 해서 책상용 캘린더에 표시를 해 두어야 한다.

예를 들어 영어를 전혀 못하는 사람이 영어공부를 결심했다고 치자. 목표가 없다면 무엇을 공부해야 되는지 막막할 것이다. 고등학교를 졸업한지 10여년이 지났으니까 중학교 영어책부터 다시 펼쳐야 하는지, 아니면 대학영어를 보아야 하는지 알 길이 없다. 이럴 경우 간명하게 영어자격시험을 준비하는 편이 좋다. 토익 800점 또는 텝스 700점 등의 목표를 세워두면 그에 접근하는 방법이 보이기 시작한다. 학원에 다닐 수도 있고, 교재를 택해서 독학을 할 수도 있다.

목표가 있어야 달려갈 수 있다. 그 목표는 최대한 분명하고 구체적이어야 한다. 사법시험의 경우 목표를 구체적으로 설정하지 않는다면 책의 내용이 지루하기가 끝이 없어서 진도가 계속 밀리게 될 것이다. 예를 들면 책을 처음 보는 것이라면 1시간에 10페이지 분량을 정리하겠다고 정하고서 공부를 시작해야 된다. 그렇지 않으면 진도가 늘어질 것이다. 만일 정해진 목표를 달성하지 못할 경우에는 휴식시간을 가져서는 안된다. 부족한 시간은 휴식시간에서 제외해 나가면서 공부를 해야한다. 이런 방식으로 1시간단위로 목표를 세우고 공부해야 된다. 이는 누구에게 보여주는 것이 아니라 자기 자신과의 약속인데, 약속을 잘 지킬수록 자신감도 늘어나고 합격할 확률도 높아갈 것이다. 이런 방식으로 1일에는 120페이지를, 1주에는 720페이지를 정리하겠다는 목표를 세워야 1500페이지가 넘는 기본서를 처음 보는 경우에도 단시간에 다 볼 수 있게 된다.

공부목표는 항상 자신의 능력을 뛰어넘게 설정해야 된다. 그래야 암기와 이해능력이 향상되고, 공부방법의 발전을 가져올 수 있다.

예를 들면 쉬지 않고 1km를 달릴 수 있는 사람이 자신의 지구력을 늘리기 위해서는 목표거리를 계속 늘려야 하는 것처럼, 책을 2회독하는 경우에는 1회독시와 비교해서 1시간에 보는 분량이 1.5배 이상 늘어야 한다. 나의 경우에는 책을 처음 정리할 때에는 시간당 10페이지 정도 보았던 것 같다. 2회독 이후부터는 1시간에 20~30페이지 정도 진도를 나갔고, 시험 직전에는 1시간에 300페이지도 읽을 수 있게 되었다.

목표가 조금 버겁다고 느껴져도 절대 안된다고 생각하지는 말아라. 위기 상황이 닥칠 경우, 인간은 초인적인 능력을 발휘하게 된다. 나는 예전에 선생님으로부터 "집에 불이 나자 조그만 체구의 남자가 커다란 장롱을 등에 짊어지고 나오는 것을 직접 보았다" 는 얘기를 들은 적이 있다. 여러분에게 그런 상황이 벌어진다면 독자도 그러한 능력을 발휘할 수 있을 것이다. 인간이 못하는 일은 없다.

자신이 시험에 꼭 붙어야 한다고 생각해라. 남에게 합격을 양보한다고 생각한다면 정말로 그렇게 된다. 수년간 신림동 고시촌에서 썩고 싶다는 생각이 아니라면 하루라도 빨리 고시생 신분을 벗어나야 된다고 간절히 생각하라. 시험이 다가오고 그것을 바라보면서 위기의식을 느낀다면 당신의 능력은 평소보다 훨씬 강력해질 것이고, 어떠한 어려움도 극복할 수 있다. 마음가짐을 어떻게 먹는가가 시험의 당락을 좌우할 것이다.

결과만을 생각하라

시험준비를 하다보면 주변사람들로부터 안좋은 평가도 받고, 명절에도 가족의 얼굴도 못보는 상황이 벌어지기도 하며, 아까운 청춘이 사라지고 있음에 안타까운 마음이 들기도 한다. 그런데 수험생이 창문밖의 친구들과 비교해가면서 현재 자신의 애처로운 모습만 계속 염두에 둔다면 공부 대신에 차라리 다른 것을 하고 싶은 유혹에 쉽게 넘어가게 된다. 현재의 수련과정을 비관하고 고민할 것이 아니라, 결과가 어떻게 될 것인지 생각하고 그에 맞게 행동해야 한다.

나의 경우에도 여러 가지 어려움이 있었다. 직장에서 내 등 뒤에는 '사법시험을 준비하는 자(者)'란 꼬리표가 붙어있는 느낌이었다. 내가 수업이나 보고를 아무리 열심히 준비한다고 해도 별로 안 좋은 평가를 하는 사람들이 항상 있었다. '공부 때문에 업무에 다소 소홀할 것이다' 라는 평가도 대세였을 것이다. 사실 그렇게 오해할만 하다. 하지만 시험결과를 놓고 보았을 때, 나름 군 위상제고에 기여했다는 점에 그러한 부정적 평가는 상쇄하고도 남음이 있다. 내가 이런 오해들을 풀어보겠다고 해명을 하고 돌아다녔거나, 업무에 노력을 100배 더 투자했다고 해서 나에 대한 평가가 바뀌지는 않았을 것이다.

현재의 문제를 해결하겠다고 쓸데없는 고민을 할 것이 아니라 결과를 놓고 생각하면 쉽게 답이 나온다.

시험준비 때문에 가족이 고생하기도 한다. 나도 몇 년간 생이별을 하면서 살았다. 수험생이 힘든 것은 자기가 선택한 일이나, 가족은 수험생을 가족으로 두었다는 이유 때문에 고생을 하게 된다. 수험기간 내내 정말로 힘든 사람은 수험생이 아니라 마음을 졸이고 있을 가족이다. 하지만 시험에 합격한 후에는 그런 시간들은 추억으로 남게 된다. 현재 가족에게 미안한 생각이 든다면 그만큼 더 열심히 공부하면 된다. 그리고 합격의 결과를 가족에게 안겨준다면 어떤 어려움이 있었다고 해도 별 문제가 안된다.

젊은 나이에 공부를 한다면 좋은 시절을 즐겁게 보내지 못하는 것에 대한 아쉬움이 있을 것이다. 남들은 예쁘게 치장하고 꾸미면서 즐거운 시간을 갖는데, 츄리닝을 입고 독서실에 쳐박혀 있는 자신의 현실을 계속 비관한다면 공부할 맛이 안날 것이다. 하지만 길게는 2~3년, 짧게는 수개월 뒤에 합격하고 당당해 할 자신의 모습을 상상하면서 공부한다면 이런 자괴감은 쉽게 극복할 수 있다. 그런 모습을 상상하기 어려우면 반대로 시험에 떨어져서 울고 있을 자신의 모습을 그려보거나, 작년에 시험에 떨어진 기억을 떠올려보면 된다.

솔직히 청춘은 짧고 한번 지나가면 다시는 오지 않는 아까운 시간이지만, 그 때에 자신이 인생에 대해 얼마나 준비했는지에 따라 그 사람의 일생이 결정된다. 특정 자격증을 취득한다는 것은 일종의 인생보험을 갖고 있는 것과 마찬가지이다.

어느 변호사가 이야기 했듯이 부자들은 돈을 잃으면 모든 것을 잃는 것이기에 수전노처럼 살게 되지만, 변호사는 자신이 리어카를 끌고 다니더라도 평생 변호사이기 때문에 인생을 자신감있고 당당하게 살 수 있다. 예쁘게 꾸미고 다닌다고 해서 그 사람의 외모가 10년 후에도 아름다운 것은 아니다. 20대 초반의 사람들은 그 자체로 보기 좋고 귀여워 보이지만, 아무리 탤런트라도 30대 후반을 넘어가면 잘해봐야 곱게 늙었다는 평가를 할 정도일 뿐이다. 외모를 보는 것은 한 때일 뿐이고, 나이가 들어갈수록 사람의 능력이 중요해진다. 어떤 경우에는 외모를 불문하고 치열하게 사는 젊은이들이 아름답게 느껴지기도 한다. 젊은 시절을 허송세월로 보내다가 나중에 초라한 중년을 맞이할 것이 아니라, 조금 힘들지만 지금 열심히 해 두어서 나중에 당당하게 사는 편이 좋다. 젊은 사람이라면 극한의 노력을 다해서 소년등과를 한 후 남은 청춘을 재미있게 보내는 방법을 추구해야 한다. 그러기 위해서는 현재가 아니라 미래의 결과만을 생각해야 된다.

생활의 단순화

수험생활은 하루 이틀에 끝나는 것이 아니라 통상 1년 단위로 진행된다. 이를 두고 사람들은 수험생활을 마라톤에 비유하기도 한다. 100m를 전력질주하는 단거리 육상선수를 보면 순간적인 가속도를 얻기 위해 팔을 앞뒤로 크게 흔들면서 발을 크게 벌린다. 그러나 마라톤 선수들을 보면 팔을 거의 움직이지 않는다. 오로지 폐에 공기를 집어넣고, 다리를 가볍게 하여 에너지 소모를 최소화한 상태에서 꾸준한 페이스를 유지하고자 한다. 따라서 장기간의 수험생활이 필요하다면 마라톤 선수와 같이 불필요한 에너지 낭비를 최소화 해 가면서 공부에 전력을 투입해야 성공할 수 있다. 이를 위해서는 생활을 단순화하여야 한다.

그렇다고 해서 수험생은 언제나 공부만해야 한다는 것은 아니다. 필자처럼 일하면서 공부하는 케이스도 있기 때문이다.

직장인의 경우에는 TV의 채널을 바꾸듯 매 순간 머리 속에 있는 모드를 변경하여 업무모드, 열공모드, 휴식모드로 전환하는 속도가 번개와 같아야 한다. 그리고 해당 모드로 전환되는 순간 바로 몰입해야 한다.

생활을 단순화하기 위해서는 의식주를 단순화하고, 시간계

획을 세워 공부를 하며, 친구·가족 등과의 만남을 자제해야
한다. 또, 필요하다면 가족과 떨어져서 살기도 해야 하고, 고
시원에서 혼자 살아야 되는 경우도 있다. 업무를 병행하면서
시험준비를 한다면 업무시간을 줄이기 위해 통합적으로 업무
를 수행하는 방법을 터득해야 한다.

교우관계의 경우 당분간 친구들과 멀어질 것을 각오해야 한
다. 독자가 시험에 합격한다면, 친구들은 그동안 독자가 연락
하지 않았다고 하여 전혀 서운해 하지 않는다. 그러나 독자가
시험에 계속 불합격함에도 불구하고 친구와 종종 연락하거나,
만나서 붙들고 신세한탄이나 하고 있다면 머지않아 그 친구와
관계가 서먹서먹해 질 것이다. 가족의 경우도 마찬가지다. 혹
시 애인이 있다면 '조금만 기다려 달라' 고 말해 주어라. 그
애인이 기다려 주기로 약속하고 옆에서 독자가 잘되는 방향으
로 도와준다면 평생 함께 지낼 수 있는 사람이고, 바가지나 박
박 긁고 있다면 당장에 헤어지더라도 손해볼 것이 없는 사람
일 것이다. 애인이 없다면 굳이 만들 필요가 있을까?

직장인의 경우에는 회사업무도 있고, 회식도 있고, 가정생
활도 있고, 기타 자기만의 사생활도 있다. 시험을 준비하기 위
해서는 이런 것들의 많은 부분을 포기해야 한다. 만약 목표달
성이 불가능함에도 포기할 것을 포기하지 않고 모든 것을 누
리려고만 한다면 앞서 말한 것처럼 아예 시작하지 않는 편이
낫다.

주거를 수험생들이 많이 모인 장소(예를 들면 신림동 고시
촌)로 옮기는 것은 생활을 단순화하는데 크게 도움을 준다. 그

러나 직장이나 금전적인 문제로 인해 그렇게 하지 못하는 경
우에도 합격하는 데에는 지장이 없다.

체력의 유지와 건강

만약 독자가 20대 초반의 건장한 사람이라면 체력유지에 별다른 관심이 없어도 1년 정도의 수험생활은 이상 없이 버틸 수 있다. 그러나 나의 경우처럼 30대 초중반을 넘었는데 새로운 도전에 나섰다면 반드시 체력유지에 관심을 가져야 한다.

나는 고시공부를 시작할 당시 체력이 그다지 나쁜 편이 아니었다. 1.5km를 5분 초반에 주파했고, 팔굽혀펴기도 85회 이상 할 수 있었으며, 윗몸일으키기도 2분에 90회 정도를 할 수 있었다. 그러나 책상 앞에 오래 동안 앉아있다 보니 체형은 핫도그처럼 변해갔고, 나도 보통의 아저씨와 다름없는 사람이 되었다. 체형이 변해가고 팔다리가 가늘어진다는 것은 운동능력의 저하뿐만 아니라 극한의 공부조건에서 버틸 수 있는 지구력이 떨어지고 있다는 것을 의미했다. 고시공부를 하면서 평상시에 잠깐씩 시간을 내서 기초체력을 유지하는 것은 그 사람이 과거에 체력이 얼마나 좋았었는지 불문하고 누구에게나 필요한 일이다.

필자의 체력유지방법은 적절한 음식 섭취와 적당한 운동이었다. 먼저 보약과 음식에 대해 이야기 하겠다. 필자가 2년차 1차공부를 할 때, 조아제약에서 나온 "바이오톤" 이란 로얄

제리 영양제를 하루에 한 앰플씩 포카리스웨트에 타먹은 적이
있었다. 이를 두고 농담 삼아 "뽕가리스웨트"를 만들어 먹는
다고 했는데, 한번 먹으면 몇 시간 동안 잠깐 정신이 맑아지는
효과가 있었다. 그러나 장기적으로 복용하니 앰플 1~2개로는
약발이 듣지 않았다. 한번은 "총명탕"이라 하여 한약을 먹은
적이 있었는데, 이 약을 먹고 나서 지독한 불면증에 시달린 까
닭에 그 다음부터는 한약을 일절 먹지 않았다. 즉, 내가 경험
한 바에 의하면 보약은 체력유지에 별로 도움이 안되었던 것
같다.

　나는 2년차 이후 보약을 먹는 대신에 체력유지에 좋은 음식
이 무엇인지 웹서핑을 통해 알아보고, 하나하나 직접 먹어 보
았다. 기억력이나 두뇌회전 향상에는 견과류(호두, 땅콩 등)나
탄수화물 계통의 음식이 괜찮았지만, 장기적인 체력유지에는
단백질 섭취가 좋았던 것 같다. 내가 추천할 만한 단백질 보
강식품으로는 삶은 낙지와 생선회, 소고기, 삶은 계란 등이 있
다. 낙지는 징그럽게 큰 것 보다는 조그만 놈을 먹는 편이 맛
과 영양 면에서 좋은 것 같다. 살짝 데쳐서 초고추장에 찍어먹
으면 된다. 생선회의 경우는 당일에는 반짝 효과가 있었지만
다음날이 되면 별로였다. 소고기는 먹고 나면 당장의 효과는
별로 없었지만 일주일 정도 은근히 체력이 강해진 느낌이 들
었다. 올해 2차시험을 볼 때, 저녁에 입맛이 없었음에도 불구
하고 소고기 로스구이를 억지로 입에 집어넣었는데, 그 덕분
에 하루 2시간여의 수면에도 불구하고 별로 피곤하지 않았다.

　추가적으로, 과일도 꾸준히 계속 섭취해야 한다. 나는 혼자

살 때에 한달동안 과일을 거의 안먹고 지내던 때도 있었는데, 결과가 별로 좋지 않았다. 비타민 섭취가 부족하면 춘곤증처럼 졸음이 계속 밀려온다.(나는 이것을 병든 닭처럼 졸리다고 하여 "닭병"이라고 불렀다) 혹시 이유없이 계속 피곤하다면 십중팔구 비타민 부족일 확률이 높다. 시간이 없다면 종합비타민 제재를 사서 먹어라. "Centrum"이라는 약이 있는데 효과가 꽤 좋은 것 같았다.

두 번째 체력유지 방법으로는 운동을 권하고 싶다. 나의 경우 체력유지용 운동으로 그냥 조깅만 했다. 나는 달리기가 수험생에게는 가장 적합한 운동이라고 생각한다. 돈이 한푼도 들지 않고 장소도 구애받지 않으면서 가장 짧은 시간에 가장 많은 운동량을 달성할 수 있기 때문이다. 그냥 가방을 메고 운동화를 신고 달리기만 하면 된다. 한 15분정도만 빠른 속도로 뛰면 엄청난 운동량을 달성하는 것이다. 일주일에 두시간만 투자하면 체력에는 자신이 있게 될 것이다. 반면에 휘트니스 센터에서 운동하는 것은 자신의 중요한 자산인 시간과 돈을 헛되이 쓰는 것이라 생각된다. 나는 고시공부 전에 테니스 치는 것을 꽤 좋아했는데, 시험준비 중에는 1년에 2번 정도 쳤다. 이는 체력유지를 위한 것이라기보다는 여가생활의 일종으로 즐겼을 뿐이었다.

이처럼 적절히 고단백 음식을 섭취하고 운동을 병행한다면 사시 2차시험처럼 장기간의 레이스에서 빛을 발할 확률이 높다. 단, 시간이 없다면 운동보다는 제대로 먹는 것에 투자해라. 먹기만 잘 먹어도 체력은 따라온다.

기호식품은 줄여라

많은 수험생들이 기호식품으로 커피를 마신다. 나도 수험기간 내내 하루에 인스턴트 커피를 3~4잔 정도 마셨다. 그런데 하루 커피섭취량이 4잔을 넘어가면 불면증에 걸릴 위험이 있다. 왜냐하면 커피 때문에 밤에 잠을 못자고 다음날에 또 커피를 연거푸 마시는 상황이 계속될 우려가 있기 때문이다. 이렇게 된다면 생활의 리듬이 깨져서 공부가 잘 안될 것이다.

졸음을 쫓기 위해 커피를 마시는 것이라면 다소 돈이 들더라도 커피 대신에 홍삼 진액(엑기스)을 먹기를 권한다. 스타벅스와 같은 최고급 원두커피보다는 값이 저렴할 것이다. 홍삼 진액을 한번 진하게 먹어보라. 몸에도 좋고 잠도 번쩍 깰 것이다. 다만 다소의 각성효과가 있으므로 밤에는 먹지 않기를 권한다.

담배를 피는 독자도 있을 것이다. 나도 그랬다. 솔직히 골초라고 말할 수 있을 정도였다. 어떤 분은 담배를 「정신의 비타민」이라고 부른다. 그런데 내 생각에는 담배란 녀석은 오랜 시간을 함께 해 온 「나쁜 친구」이다. 건강과 기억력에는 매우 안좋은 것임에 틀림없지만, 고민과 시련을 함께 해 준 '멀어지고 싶어도 가끔 생각나는' 그런 존재였다.

하지만 독자에게는 일찍 붙고 싶으면 담배를 끊으라고 권하고 싶다. 정 끊기 어렵다면 내가 했던 것처럼 시험시작 마지막 2주전부터는 패치를 붙이거나 니코틴 껌 또는 니코틴 사탕을 먹어서라도 담배를 끊기를 권한다. 한 3주만 참으면 된다. 영원히 끊을 것인가, 말 것인가는 독자의 선택사항이다.

술은 소량이라도 기억력과 체력에 매우 안 좋은 영향을 미친다. 필자는 07년 4시 낙방이후 08년 5시를 마칠 때까지 술을 단 한모금도 마시지 않았다. 수많은 직장 회식과 모임에서는 목디스크를 이유로 입을 다물었는데, 사실이 목디스크 통증 때문에 술을 먹을 수 있는 형편이 아니었다. 수험생들은 굳이 몸이 아프다는 핑계를 대지 않더라도 공부를 한다는 이유만으로 술을 안마실 수 있을 것이다.

술을 마시면 잠시 기분이 좋아진다. 그러나 체력도 점차 나빠질 뿐더러, 기분이 좋아진 만큼 힘들게 공부한 기억들이 사라진다. 명정(酩酊)상태에 빠질 정도로 코가 삐뚤어지게 마신다면, 뼈빠지게 노력하여 암기한 기억들이 적어도 일주일치 이상 허공에 사라질 것이다. 그리고 술이 깬 후에도 며칠 동안은 예전의 집중력을 회복하기 힘들 것이다. 그렇다면 왜 힘들게 공부를 하는가? 차라리 공부를 접고 술마시고 놀면서 편하게 지내는 편이 훨씬 낫다.

잠은 충분히 잘 자라

잠은 충분히 자주는 것이 좋다. 잠을 못자면 다음날 아침에 공부효율이 급격히 저하될 뿐만 아니라, 전날 공부한 내용이 잘 기억나지 않는다. 저명 의학자들(예를 들면, 하버드 의과 대학교의 매튜 워커 교수의 「잠과 기억력에 관한 연구」나 미국 스탠포드대 생물학과 노만 루비연구원의 생체시계 연구 등)도 잠을 자는 동안에도 우리 뇌는 활동하고 있으며, 잠과 기억력에는 상관관계가 있음을 실험을 통해 증명하였다.

사람마다 필요한 수면시간에는 차이가 있지만, 보통 수험생의 경우 6~7시간 내외를 숙면하면 다음날 피곤한 감이 없을 것이다. 만약 주중에 잠이 좀 부족하였다면 주말에 몰아서 자는 것도 일책이다.

나는 직장을 다니면서 시험을 준비하다 보니 하루 5시간 이상 자본 적이 별로 없던 것 같다. 통상 4시간 안팎을 잤는데, 부족한 잠은 점심식사후 20~30분의 졸음으로 채웠다. 잠깐 졸거나 책상에 엎드려 자고서 일어나면 머리가 맑아지게 된다.

시간이 부족하다 보면 나처럼 짬짬이 잠을 보충하는 방법을 사용할 수도 있는데, 순식간에 잠드는 것이 시간 절약을 위해 중요하다. 잠에 대한 열정은 나이트클럽에 가서 스피커 옆에서 잠들 정도의 수준이 되어야 한다.

빠른 취침과 숙면을 위해서는 잠자기 직전에 과식, 과음, 흡연, 웹서핑, TV시청 등을 삼가야 하고 밤늦게 시험문제를 풀어보는 것처럼 머리회전을 급격히 증가시키는 행위를 하지 말아야 한다. 빠른 취침을 하기 위해서는 잠자리 습관이 중요하다.

평소 잠이 잘 오는 자세나 상황이 있었다면, 그러한 습관을 유지하여 단시간 내에 잠이 와야 한다. 쓸데없는 불안감에 이런 저런 생각을 하는 수험생은 새벽까지 잠을 못자고 뒤척일 것이다. 남들도 시험이 다가오면 불안하므로 마음을 편하게 가지는 편이 좋다.

침대 매트리스와 베개는 숙면을 좌우하는 중요한 요소인데, 최소한 베개는 좋은 것으로 사용하기 바란다. 너무 푹신한 베개를 사용하면 나처럼 목디스크에 걸릴 수도 있다. 추천하고 싶은 베개로, 침대로 유명한 시몬스 침대에서 나온 베개가 상당히 좋은 것 같다. 가격은 다소 비싼 편이나 그 값어치를 한다.

질병을 예방하라

수험생은 몸이 아프면 안된다. 특히 혼자 살고 있는데 아프다면 정신력 및 공부의지에 심대한 타격을 입는다. 따라서 수험생은 평소부터 질병에 걸리지 않도록 몸관리를 철저히 해야한다. 질병을 예방하기 위해서는 충분한 영양섭취와 수면, 청결, 운동 등이 필요하다.

밥먹기전 비누로 세수를 하고 손을 씻으며, 하루 세 번 식후에 양치질을 해야 한다. 이렇게 하는 것만으로도 감기와 질병예방에 많은 도움이 된다. 가끔 독서실이나 도서관에서 기침을 하거나 코를 푸는 사람도 있는데, 이런 경우에는 아예 독서실에 나가지 않거나, 아니면 세수와 양치질 횟수를 증가시켜야 한다. 독감 예방을 위해 예방접종을 맞는 사람도 있는데, 예방접종 자체가 균을 몸속에 주입시키는 것이기에 약한 정도의 감기기운이 있게 된다. 수험생이라면 피하는 편이 낫다.

나는 수험기간중에 1년에 한번정도 감기에 걸렸던 것 같다.

한번 걸리면 지독하게 걸렸는데, 감기에 걸리더라도 두통이 심한 경우를 제외하고 감기약은 거의 먹지 않았으며, 삼계탕을 자주 사먹고 달리기를 많이 하였다. 감기에서 회복하면 항체가 생겨서인지 그 뒤 1년 정도는 옆자리 사람이 독감으로 콜

록거려도 멀쩡했다.

충치는 수험생의 잠재적인 적이다. 충치는 평상시에는 별 문제가 되지 않다가 체력이 약화된 시점, 즉 컨디션이 별로 좋지 못한 때에 급격한 통증을 유발시킨다. 치통 때문에 식사도 제대로 하지 못하고 잠을 못잘 수도 있다. 타이레놀과 같은 진통제는 간단한 정도의 충치는 다스릴 수 있지만 신경까지 침투한 충치에는 별 효과가 없다. 이럴 경우에는 무조건 치과에 가야 된다. 다시 말해서 진통제로 듣지 않는 질병은 키울 것이 아니라 최대한 빨리 병원에 가서 치료하는 편이 좋다.

오랜 시간 앉아서 책을 보다보면 디스크 등의 신경계통 질환이 찾아올 수 있다. 이를 예방하는 방법은 꾸준한 운동이다.

앞서 말한 바와 같이 나는 작년말부터 한동안 목 디스크 때문에 극심한 고통을 체험하였다. 그렇다고 수술을 받을 수 있는 형편이 되는 것도 아니었다(수술은 최후의 선택이다). 정형외과에 가면 목 디스크 환자를 위한 목 체조법이 소책자로 나와 있는데, 그것으로 꾸준히 목체조를 하고 조깅을 자주하니 견딜만 하였다. 수험생 중에는 허리가 아픈 사람도 상당수 있는데, 일단 의자를 잘 골라야 하고, 평상시 윗몸일으키기와 달리기 등으로 근육을 강화해야 할 것이다.

목이 뻐근한 증상을 완화하기 위한 체조법은 의외로 간단하다. 목 뒤의 근육만 강화시키면 된다. 양팔로 깍지를 끼고 머리뒤에 얹은 뒤, 손은 앞쪽으로 지긋이 당기고 머리는 뒤로 젖힌다. 즉 반대방향으로 힘을 주는 것이다. 약 30초간 계속하고, 1분을 쉰다음 다시 30초간 계속한다. 이렇게 5회 정도 하고, 다시 양손을 이마에 두고 머리를 뒤쪽으로 밀면서 머리는 반대로 앞으로 수그린다. 주의할 점은 너무 과도한 힘을 주지 말 것이며, 스트레칭을 한다고 목을 좌우측으로 과도하게 꺽는 행위를 해서는 안된다는 것이다.

휴식시간과 여가활용

　　어떤 합격생은 1년 내내 공부만 했다고 말하는 경우도 있는데 사실일 수도 있겠지만, 나는 사람의 인내력에는 한계가 있고 그 정도가 다를 뿐이라 생각한다. 합격생들을 보면, 여유가 있으면 일주일에 일요일 하루를 푹 쉬다가 시험이 다가올수록 쉬는 시간을 줄인다. 반나절(오전 또는 오후)을 쉬는 경우도 있고 격주로 반나절을 쉬기도 하다가 시험이 몇 주 앞으로 다가오면 대부분 쉬는 시간 없이 올인 모드로 돌입한다. 왜냐하면 시험 직전의 하루는 시험 한달 전의 일주일, 시험 반년전의 보름 이상의 가치가 있기 때문이다.

　　나의 경우, 재시 이후 대부분의 주말은 휴식없이 공부만하는 시간이었다. 나는 간혹 주말에 늦잠을 자거나, 평일 야간에 1~2시간 정도만 시간을 내서 휴식시간으로 삼았다. 나에게는 업무로 인해서 바쁠 때가 편안한 휴식시간이었다. 실제로 수험생들은 공부를 안하는 것 자체가 휴식이다. 수업을 준비하고 강의하는 시간은 사시 공부로부터 해방되는 휴가와 다름없었기에 아주 즐거운 마음으로 기쁘게 일했다. 만약 내가 이런 일들 때문에 스트레스를 심하게 받았다면 절대로 합격할 수 없었을 것이다. 시험일자가 하루하루 다가온다는 것 자체가 엄청난 스트레스인데, 또 다른 스트레스까지 더해진다면 사람이 어찌 버틸 수 있겠는가?

아무튼, 휴식시간에 여가 활용을 어떻게 할 것인가? 왕도는 없다. 자신이 좋아하는 것을 하시라. 다만 수험생활에 영향을 주지 않는 범위 내에서 적당히 하기를 권한다. 여가 활용으로 음주가무를 즐기는 수험생도 있는데, 앞서 이야기했듯 음주는 반드시 피해야 한다.

나는 가끔 여가활용으로 DVD 영화를 봤다. 스킵해서 중간중간을 넘겨 봤는데, 내 수험생활을 오버랩 시키면서 보았다. 기억에 남는 영화로는 「매트릭스」, 「뷰티풀 마인드」, 「신데렐라 맨」 등이 있는데, 「매트릭스」를 보면서 '사시 합격의 열쇠가 되는 코드는 무엇일까?' 고민했으며, 「뷰티풀 마인드」를 보면서 혹시 내가 주인공처럼 살짝 광인(狂人)인 것은 아닌지 상상했고, 「신데렐라 맨」을 보면서 "내 지금 모습이 주인공인 '제임스 J 브래덕'과 참 닮았다"고 생각했다. 이런 영화들은 내 인생을 뒤돌아보게 만들고, 적절한 동기부여를 해 주었으며, 합격을 향한 자기신념화에 크게 도움을 주었다. 바꿔 말하면 나는 여가활용을 하면서도 어떤 식으로든 여가활용이 시험합격에 긍정적인 영향을 미쳤다고 생각하면서 시간을 보냈다. 놀면서 불안해하지 말기를 바란다. 불안하다면 차라리 놀지 말아라.

간혹 여가활용으로 쉬는 시간 또는 늦은 밤에 TV를 보는 수험생이 있는데, TV는 갖다 버리는 편이 좋다고 말해주고 싶다.

밥먹을 때에 YTN 뉴스 정도를 보는 것이야 무방하지만(때론 시사적인 문제가 법률문제화 되거나, 뉴스에서 대법원 및 헌재 판례가 나오는 경우도 있다), 사람의 기억 용량에는 한계가 있기에 드라마 따위의 쓸모없는 정보를 주입해서는 안된다. 또한 TV를 보는 것만으로도 상당한 정신적 피로감이 유발된다. 나는 4시에 낙방하고 나서 곧바로 집에 있는 TV(기껏해야 하루 20분도 안보던 것이었다)를 단골 식당에 기증하여 버렸다. 지금 나는 길거리에서 신인 탤런트들과 마주쳐도 누구인지 알아보지 못할 것이다.

컴퓨터는 인터넷 강의나 수험정보 획득을 위해서만 사용하기를 권한다. 인터넷 게시판에는 각종 역정보와 오정보가 가득하니 정보선택과 결정을 할 때에는 신중을 기해야 한다. 간혹 여가활용이랍시고 컴퓨터게임을 하는 수험생도 있는데, PC게임은 뇌를 과도하게 흥분시킨다. 이런 과정이 반복된다면 힘들게 집어넣은 기억들은 사라지고 말 것이다. PC게임에 중독되어 밤새도록 게임을 할 바에야는 차라리 바다 먹거리도 맛보고 기운도 차릴 겸 버스를 타고 해변에 다녀오기 바란다. PC게임은 시간의 많고 적음을 불문하고 모든 종류의 시험에 불합격할 확률을 급격히 증가시킨다.

무감각하게 살아라

나는 성격이 상당히 급한 편이다. 호오(好惡)도 꽤나 분명하고, 남이 나를 어떻게 평가하는 지에 대해 상당히 민감하게 반응하는 편이다. 이러한 성격은 두고두고 합격에 장애물이었다. 그나마 몇 해에 걸친 성격개조를 통해 성격을 "둥글게 둥글게" 가꾸어 나갔지만, 아예 처음부터 무덤덤한 성격이었다면 이렇게 오래 고생하지 않았을지도 모른다.

세상에는 너무나 다양한 사람들이 존재한다. 수험생활을 하다보면 이런 저런 이유로 여러 사람들과 접하게 된다. 이는 시험장에서도 마찬가지다. 예를 들어, 남자 수험생이 재시로 시험을 보는데 옆자리에 시험에는 별로 관심이 없어 보이는 초시 여학생이 초미니 스커트에 짧은 반팔 상의(소위 '나시티')를 입고서 시험시간 내내 손을 머리위로 하고 기지개를 쫙쫙 펴대면 아무래도 시험에 집중하는 데에 방해가 되기 쉽다. 반대로 여학생이 시험을 보는데, 옆자리에 담배냄새나 풍기는 나와 같은 노장이 앉아 있다면 화나기는 마찬가지일 것이다. 동성의 수험생이 옆자리에 앉았다고 하더라도 소리, 냄새 등으로 집중력이 분산되는 경우가 발생한다.

시험을 치르는 결정적인 순간에 독자가 어떠한 자리 복(福)

을 얻을 지는 운에 달렸지만, 위험을 최소화하기 위해서는 평소부터 주변 소리나 냄새, 사람들, 상황 등에 되도록 무감각해지는 것을 훈련해야 한다. 이는 시험볼 때의 집중력에 심대한 영향을 미쳐서 당락을 좌우하기도 한다. 나는 올해 고려대에서 시험을 봤는데, 마지막 시험이 끝나자 옆에 있었던 여학생이 시험시간 동안 부스럭 거리고 시끄럽게 해서 죄송하다며 사과를 하였다. 나는 그러한 사과를 받으며 두 번 놀랐는데, 첫째 지금껏 수차례 사법시험을 보면서 시험 중에 자신이 잘못했다고 생각한 점에 대해 사과하는 착한 수험생은 그때가 처음이었고(이름은 모르지만 진심으로 합격하기를 기원한다), 둘째 나는 나흘 동안 그 학생 방향에서 어떠한 소리도 들은 적이 없기 때문이었다. 어쨌든 시험을 볼 때에는 옆사람이 피를 토하고 죽는다고 하더라도 전혀 놀라지 않을 정도로 정신무장을 단단히 하여야 한다.

비단 시험장에서의 문제뿐만 아니라, 평상시에도 쉽게 흥분을 하거나 주변 상황에 신경을 쓰면 공부에 방해가 된다. 왜냐하면 화를 내거나 걱정을 하는 시간에는 공부를 제대로 할 수 없고, 정신적 피로도도 상당히 올라가며, 때로는 기억이 사라질 수 있기 때문이다. 되도록 차분해지고 무감각해지라고 권하고 싶다.

독서실에서 공부하던 시절, 내 옆자리 학생은 내가 책을 넘기거나 줄을 긋는 소리 때문에 공부가 안된다며 포스트-잇으로 종종 항의하였다. 나는 줄을 그을 때마다 혹시나 소리날까봐 조심하느라 신경이 곤두서게 되었고, 나중에는 자꾸 항의

하는 그 친구에게 미안하다고 사과한 적도 있었다. 그 친구는 그 해 합격했고, 나는 불합격했다. 줄을 칠 때 발생하는 소음 따위는 독서실 내에서 옆사람이 견디어야 할 한도 내의 행위 인데 내가 바보짓을 한 것이었다. 도서관이나 독서실에서 자신이 쪽지 등으로 항의를 받은 경우, 자신의 행동을 뒤돌아보아서 수인한도 내의 행위라고 생각되면 항의하는 사람을 무시해야 된다. 본인이 못견디면 자리를 옮길 것이고 당신의 행동은 잘못된 것이 없기에 문제될 것이 없다. 한귀로 듣고 한귀로 흘린다고 생각해라. 그 정도로 느끼는 것이 맞는 듯하다.

신림동에서는 간혹 길거리 폭력사건이 발생하기도 한다. 사실 신림동 녹두거리(고시촌)는 주변여건만 놓고 본다면 공부하기에 좋은 장소는 아니다. 길거리마다 술집과 노래방이 넘쳐나고 밤에는 으슥한 곳도 많고 위험한 장소도 많다. 젊은 혈기에 사소한 시비로 몇 달 동안 고생하는 경우도 종종 발생한다. 마음을 잘 다스려서 목표를 달성하는 데에 집중해야 할 것이다.

공부장소 선택

「지피지기(知彼知己)면 백전불태(百戰不殆)라」 손자병법에 나오는 유명한 말이다. 우선 시험을 보고자 한다면 최소한 같이 경쟁하는 사람들이 시험준비를 위해 얼마나 노력하는지 알아야 한다. 이를 위해서 수험생들이 모여있는 장소에서 자주 학습분위기를 익히는 것이 필요하다. 「호랑이를 잡으려면 호랑이굴로 들어가야 한다」는 속담도 있듯이 가장 좋은 공부장소는 수험생들이 많이 공부하는 곳이며, 여건이 가능하다면 주거를 그쪽으로 옮겨서 그들과 함께 경쟁하면서 시험준비를 하는 편이 좋다.

신림동에서 공부하지는 못한다고 하더라도, 가능하다면 책상이 넓고 실내공기가 쾌적하며 조용한 공간에서 공부하라고 권하고 싶다. 좁은 책상에서 공부하다보면 옆사람 때문에 신경이 쓰이거나, 책상위에 몇 권의 책만 두어도 답답한 느낌이 들게 된다. 실내환기가 되지 않을 경우, 몇 시간만 공부하면 머리가 멍해지는 느낌이 든다. 공사장 또는 유흥업소 주변의 공부장소는 소음 때문에 짜증만 밀려오고 공부를 해도 머리에 잘 들어오지를 않는다.

만약 금전적 여유가 되지 않는다거나, 직장 생활을 한다면

나의 경우처럼 여건을 따지지 말고 닥치는 대로 공부하기를
권한다. 나는 수년간 사무실과 집(고시공부를 위해 나 혼자 살
았다)에서 짬짬이 공부하는 생활을 하였다. 매우 힘든 일임에
는 분명하지만, 다소간의 소음이 있는 상태에서 짬짬이 외운
다고 기억이 안나는 것도 아니다. 쾌적한 독서실에서 넓은 책
상 앞에 13시간 넘게 앉아 있다고 하여 외운 것들이 전부 기억
되는 것이 아닌 것처럼, 다소 여건이 좋지 않다고 해도 차근차
근 정리해 나가는 공부방법을 사용한다면 오히려 효과가 좋을
수도 있다.

추가적으로 시험준비는 장시간 계속되므로 적절한 높이
의 책상과 바퀴가 없는 하이팩 의자, 독서용 서대 등을 "반드
시" 갖출 것을 권한다. 책상이 높거나 낮을 경우 허리나 목에
부담을 주며, 의자가 허리를 적절히 받쳐주지 못할 경우에는
쉽게 피로감을 느낄 것이다. 이 때 의자는 비싼 것 보다는 통
상 독서실에서 많이 사용하는 아래 그림의 의자를 사용하기를
권한다.

경험상 위의 의자가 공부에 가장 적당했다

객관식 문제지를 풀 때에는 어쩔 수 없다고 하더라도 책을 읽을 때에는 독서대를 사용하는 편이 좋다. 머리를 숙이고 책을 읽다보면 목디스크에 걸릴 수 있기 때문이다. 독서대의 종류는 취향에 따라 고르면 된다.

공부요령

나는 지금까지 살아오면서 시험을 꽤 많이 본 편에 속한다.

육사시절 '데일리 체크업'이라는 수시평가가 있었는데, 매학기에 과목당 10회씩 불시에 점검하는 쪽지시험이었다. 여기에 더하여 학기별로 2회의 중간고사와 1회의 기말고사를 보았다. 육사를 졸업하고서 보병초군반에 있을 때에도 무수히 많은 시험을 치뤘고, 고군반, 미 보병학교 고군반, 육군대학에 있을 때에도 마찬가지였다. 단답식, 객관식, 논술식, 도식형, 구술형 등 다양한 유형의 시험을 치뤘는데, 매번 시험을 준비할 때에는 거의 유사한 방식으로 준비한 것 같다. 아래에서 나의 공부요령에 대해 간략히 언급하고자 한다.

우선 갖고 있는 시험자료 중에서 암기할 부분과 이해할 부분, 훑어볼 부분, 넘어갈 부분 등을 분명히 구별하고 그에 맞게 공부해야 한다. 암기할 부분은 확실하게 기억하고 넘어가야 하며, 시험직전에 다시 한번 봐 줌으로써 리마인드가 가능해야 한다. 학설과 판례가 교차하거나 유사내용이 많아서 확실히 구별할 필요가 있는 부분일 것이다. 이해할 부분은 주로 객관식 시험에 적용되며, 지문을 읽으면 옳고 그름을 판단할 수 있는 정도가 되는 것을 말한다. 때론 이해할 부분도 유사사항을 구별하는데 핵심이 되는 내용은 암기가 필요할 수 있다.

훑어볼 부분은 한두번 눈으로 확인함으로써 그 정도의 내용이 자료에 있었다는 정도만 체크하는 부분이다. 주로 2차시험에서 불의타(예상치 못한 문제가 나오는 경우를 말함)에 대비하기 위해 특정 주제에 대해 교과서와 조문위치를 확인하는 정도로 족한 부분이다. 넘어갈 부분은 최근 수년간 시험에 출제되지 않았고 앞으로도 출제가능성이 희박한 부분으로 주로 완전히 이론에 치우친 부분을 말한다.

다음으로 시험이 어느 부분에서 출제될 것인지 관심을 가져야 한다. 시험이 출제되는 부분만 정확히 찍을 수 있다면 누구든지 시험에서 높은 점수를 받을 수 있다. 반면에 아무리 열심히 공부한다고 해도 시험에 나오지 않는 부분만 공부했다면 결코 높은 점수를 받을 수 없다. 학교 시험의 경우, 선생님이나 교수님이 평소 중요하다고 강조했던 부분들이 시험에 출제된다. 그러나 각종 고시의 경우, 출제위원들이 무슨 생각을 갖고 있는지 알 수 있는 방법이 대단히 제한된다. 하지만 어떤 분야의 사람들이 출제위원으로 들어가고, 최근 학계나 법조계에서 이슈가 되는 분야가 무엇인지, 출제위원급 인사들이 기고한 자료에 어떤 내용이 포함되었는지 관심을 가짐으로써 약간은 엿볼 수 있다. 이런 조그만 노력은 어떤 때에는 당락을 좌우하게 만든다.

시험성적은 시험직전에 보는 내용에 결정적인 영향을 받는다. 나는 머리가 그다지 좋지 않다. 따라서 시험범위내의 모든 내용을 항시 머릿속에 집어넣을 수가 없었다. 하지만 짧은 시간에 순간적으로 집어넣고 꺼내는 데에는 어느 정도 자신이 있었다. 아마도 대부분이 사람들이 이런 종류의 벼락치기에는 능할 것이라 생각된다. 따라서 시험을 준비하려면 막판에 훑어 볼 수 있도록 평상시부터 눈에 익혀두고 정리를 잘 해 두어야 한다. 그리고 시험직전에 전체를 한번 훑어봄으로써 리마인드를 시킬 수 있어야 한다.

논술형 시험은 논리를 세우는 것이 중요하다. 무엇이 논리인지 모를 경우에는 교과서 목차가 좋은 참고가 될 것이다. 단순 지식을 나열하는 것이 아니라 일정한 방향으로 논리를 세워나가야 좋은 평가를 받을 수 있다.

암기할 내용은 두문자로 암기하는 게 편하다. 문장을 통째로 기억하려고 하면 정작 필요할 때에 잘 기억이 나지 않는다.

그렇다고 무작정 암기해서는 써먹을 장소에 적절하게 사용할 수 없다. 언제 써먹을 것인지 정확히 기억하고, 각종 연상방법을 동원해가면서 암기를 해 줘야 자기 것이 되어서 편하게 사용할 수 있다.

이외에도 무수히 많은 공부요령이 있을 수 있다. 각자 자기의 특성에 맞는 공부요령을 계발해서 적절히 사용할 수 있어야 좋은 성적을 받을 것이다.

공부습관 (집중과 시간)

앞서 수험기간을 마라톤에 비유한 바가 있다. 예전에 내가 어느 노장 마라톤 동호회원에게 직접 들은 이야기다. 환갑을 바라보는 연세에 어떻게 그 긴 거리를 완주할 수 있냐고 물으니, 그 노장 마라토너는 "처음 시작할 때에는 운동장 한바퀴를 걷는 것도 힘들었다. 그날부터 나는 매일 100m씩만 더 뛰기로 결심하였다. 그렇게 조금씩 늘리다보니 어느덧 10km가 넘었고, 이제는 마라톤 완주를 하고서도 힘이 남아있다. 사람은 적응력이 뛰어나서 누구든지 하면 할수록 힘이 강해진다."고 답하였다.

수험공부도 마찬가지다. 대학을 졸업하고 취직을 한 뒤 수년간 공부하는 습관을 중단하였다면, 책상 앞에 한 시간 정도 앉아서 책을 외우고 있는 것도 고역일 것이다. 그러나 하루에 1시간씩만 더 앉아 있겠다고 결심한다면 공부를 하건 안하건 하루에 10시간도 더 앉아 있을 수 있다. 일단 책상 앞에서 버티고 봐야 뭐라도 할 수 있지, 그러지 못한다면 아무 것도 하지 못한다.

공부할 때 집중력의 강약은 합격과 불합격을 좌우하는 가장 큰 요인 중 하나이다. 집중할 수 있는 시간도 위의 노장 마라토너의 말처럼 하면 할수록 점점 늘어난다. 쉬지 않고 연속적으로 집중할 수 있는 시간이 얼마인지 알아보고 이를 계속 늘려가는 것도 대단히 중요하다. 연속적인 집중가능 시간은 사람에 따라 차이가 있는데 대략 1시간에서 2.5시간 내외일 것이다. 집중도가 떨어지기 시작하는 시점에는 5~10분간 휴식을 취해준다. 이 때, 공부가 잘 되지 않는다고 TV를 보거나 인터넷을 하는 등 딴청을 피우는 경우가 있는데, 이는 오히려 집중을 더 방해하는 일이다. 차라리 전망좋은 곳에서 먼산을 바라보며 지난 시간 동안 무슨 내용을 공부했는지 천천히 정리하거나, 한 10분정도 산책을 하는 편이 좋다. 쉬는 시간에 공부한 내용을 리마인드하는 습관은 기억력을 급격히 증가시킬 것이다.

기적의 암기법

「기적의 암기법」이 있을까? 20대 초반의 수험생들은 기억력에 대해 대부분 자신이 있겠지만, 나처럼 30대 중반을 넘어선다면 책을 덮는 순간 무엇을 공부했는지 모를 정도로 암기가 잘 되지 않는다. 이런 경우 사람들은 「기적의 암기법」처럼 특별한 암기방법을 찾아나서게 될 것이다.

내가 육군대학에서 학생장교로 있던 시절의 일이다. 필자와 절친한 동기생이 암기법에 대해 내게 물어보았다. 시험은 목전인데 공부내용이 잘 기억나지 않아서 고시공부를 했던 나에게 공부방법에 대해 조언을 구한 것이었다. 나는 그 친구에게 「기적의 암기법」이 있다고 말해주었다.

"네가 암기하고자 하는 책이나 노트를 들고 밤중에 나를 찾아와. 단, 한손에는 묵직한 몽둥이를 들고."

암기할 시간을 준 후, 평가일까지 매일밤 몇 문제를 물어볼 테니 대답을 제대로 못하면 그때마다 몽둥이로 한대씩 후려치겠다는 얘기였다. 물론 농담이었지만, 실제로 그럴 수만 있다면 필사적으로 암기하려고 노력해서 실제 시험에서는 만점에

가까운 점수를 받을 것이다. 왜냐하면 매일밤 얻어터지는 수
모를 당하지 않기 위해 「집중과 반복」 에 심혈을 기울일 것이
기 때문이다.

그런데 어떤 시험에 떨어진다는 것은 수험생에게 얻어터지
는 것 이상의 수치심을 안겨준다. 물론 자존심이 별로 세지 않
은 사람이라면 그렇지 않겠지만, 실패를 모르고 살아온 사람
이라면 그 충격은 더욱 클 것이다. 그럼에도 불구하고 대부분
의 사람들은 두들겨 맞는 것에 대한 수치심은 능히 상상을 하
면서도 정작 자신이 시험에 떨어졌을 때 발생할 참담한 상황
에는 별로 관심이 없다. 그래서 신림동에 가면 호프집과 노래
방, PC방, 만화방 등 고시생들이 있어서는 안되는 곳에 매일
밤 손님이 가득찬다.

기억의 원리 : 에빙하우스의 4회 주기 복습법

통상 쓰이는 공부방법을 기억의 효과 측면에서 비교하자면 읽기 〈 듣기 〈 말하기 ≒ 쓰기 정도인 것 같다. 운동의 경우에는 뇌와 근육이 연계되어 스킬을 기억하는데(흔히 "근육의 기억력" 이라고 한다) 놀랍게도 1~2년 정도의 공백기가 있어도 70% 이상 기억할 수 있다고 한다. 즉 나처럼 1년에 테니스를 2~3회 치는 경우에도, 볼이 몇 번 오가면 그 사람의 예전 구력이 나오게 된다. 은퇴했다가 복귀한 프로 선수들을 보더라도 그렇다. 공부도 그러하다면 얼마나 좋을까? 여하튼 학습내용에 대한 망각은 수험생에게는 독약처럼 느껴질 것이다.

나는 어떻게 하면 효율적으로 기억을 유지시킬지 고민하던 차에 우연히 후배인 이진성교수로부터 에빙하우스의 망각곡선과 망각률에 대해 설명을 들은 바가 있다. 내용을 요약하면, 인간은 암기를 한 후 10분 정도 지나면 망각이 진행되며, 망각 기간 중에 리마인드를 하지 않을 경우 기억내용이 급격히 소멸하나, 중간 중간에 리마인드를 해 주면 기억이 장기기억화 되어서 오랜 시간 유지된다는 이론이다. 쉽게 말하면, 어린 시절의 추억중에 생생하게 기억되는 것들은 인상이 깊었던 이유도 있겠지만 커가면서도 회상을 반복하여 장기기억화 되었기 때문이란 것이다. 간략히 부연설명하면 다음과 같다.

독일의 심리학자 헤르만 에빙하우스(Ebbinghaus; 1855~1909)는 인간의 기억능력에 대해 오랜 시간을 연구했는데, 여러 가지 실험을 통해 반복학습의 효과를 입증하고자 노력했다.

그는 보통 사람의 경우 학습종료후 10분이 지나면 학습내용에 대한 망각이 시작되며, 1시간 뒤에는 학습량의 50%를, 1일 후에는 70%를, 1달 후에는 80%를 망각하게 된다고 주장하였다.

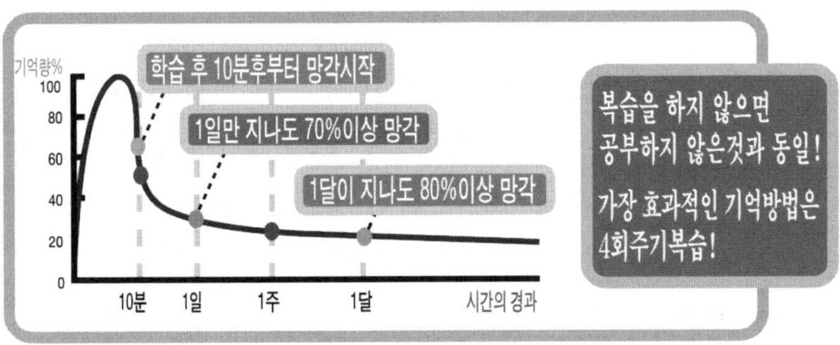

또, 이러한 망각으로부터 기억을 유지하기 위한 가장 효과적인 방법은 복습이며, 기억 유지에 있어서 복습의 "주기"가 매우 중요하다는 사실을 발견하였다. 즉, 학습 종료 후 10분 이내에 복습하면 학습한 내용을 1일 이상 기억할 수 있고, 여기에 다시 1일 후 같은 내용을 복습하면 그 기억은 1주일 동안 유지되며, 또 다시 1주일 후 복습을 하면 1달 이상, 1달 후 복습하면 최초의 학습내용은 6개월 이상 기억할 수 있는 장기기억으로 전환된다는 것이었다. 따라서 에빙하우스의 이론에

따르면 학습한 내용을 장기기억으로 전환시키기 위해서는 동
일한 학습내용에 대해 10분 후 복습, 1일 후 복습, 1주일 후 복
습, 1달 후 복습이 반드시 필요하다.

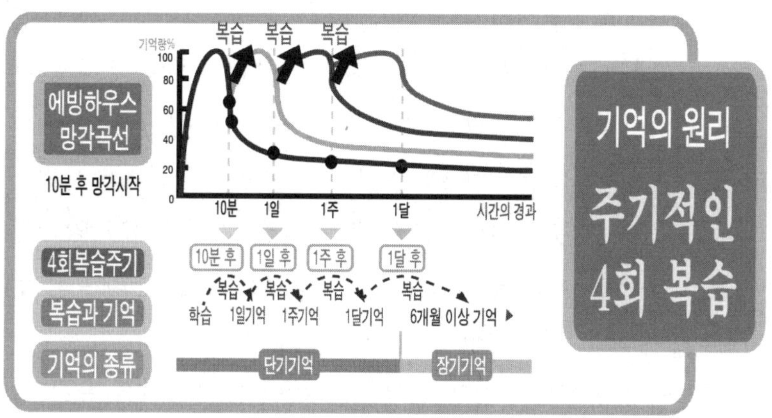

또, 그는 복습횟수가 늘어남에 따라 수준유지에 필요한 학
습시간도 줄어든다는 것을 망각곡선을 통해서 설명하였다. 이
는 수험생에게 많은 분량의 시험범위를 어떻게 효율적으로 최
종정리할 것인지에 대해 힌트를 제시해 준다. 즉, 반복적인 복
습으로 마지막 최종정리 시간을 단축해서 시험 전날에 모든
범위에 대한 리마인드가 가능한 상태에서 시험을 치루는 것이
남들보다 앞서나가는 길이다.

나는 이교수의 설명을 듣고, 그에 맞게 공부해보기로 결심
하였다. 그 후 "혼자 강의하기" 와 "잠자리 리마인드" 로 당
일 공부한 내용을 간략히 복습하였는데 효과가 좋았다. "혼자
강의하기" 란 말 그대로 어떤 주제에 대해 학원강사처럼 화
이트보드를 사용하거나 공책에 연필로 써 가면서 10여분동안
특정 논점에 대해 혼자 강의(입으로 말하는 것)하는 것이고,

"잠자리 리마인드"는 당일 공부한 내용을 말하지 않고 생각만으로 처음부터 끝까지 훑어보는 것이었다. 둘 다 당일 학습부분에 대한 복습과 현재 나의 수준을 가늠하는 모의고사 역할을 하였는데, 부족한 부분은 일단은 덮어두고 하루를 마음속에서 숙성시킨 다음, 다음날 아침에 기본서 내용을 확인해보면서 이를 다시 복습하는 기회로 삼았다. 이런 종류의 이미지 트레이닝은 특정 주제에 대한 기억력을 오래 지속시키는데에 도움이 되었다. 매일 힘들게 노력해서 이해하고 암기한 내용을 아무런 이유 없이 날려버리는 것은 정말 안타까운 일이다. 독자들도 반복학습을 통해 기억을 유지하고, 회독수가 늘어갈 때마다 수준유지에 필요한 시간이 줄어들기를 바란다.

문제를 연습하는 방법

어떤 시험을 준비하던지 간에 그 시험이 어떠한 내용과 방식으로 출제되며, 시험시간은 얼마나 되는지 미리 살펴보고 대비해야 높은 점수를 받을 수 있다. 각종 고시도 마찬가지다. 사전에 모의고사를 많이 치뤄 본 사람과 그렇지 못한 사람들은 커다란 점수차이를 보이게 된다.

나는 사법시험을 공부하면서 어떤 방법으로 문제를 풀어보아야 가장 효과적일지 고민하였다. 1년차 때에 1차시험에 실패한 이유를 곰곰이 생각해 보았는데, 연습문제를 풀어볼 때에는 문제들이 어렵지 않게 느껴졌음에도, 막상 시험장에 들어가서 문제를 받아보니 만만치 않게 느껴졌다는 것을 깨달았다. 시험 준비중 풀어보았던 문제가 쉽게 느껴졌던 이유는 방금 본 내용들에 대한 문제를 풀어보았던 것이기 때문이었다. 그러나 실제 시험의 문제들은 시험 직전에 전부 확인하는 것이 불가능할 정도로 많은 분량의 내용을 확실히 알아야 풀 수 있는 문제들로 구성되었다. 즉, 실전 문제가 어렵게 느껴졌던 이유는 나의 단기기억으로 커버할 수 없는 범위의 문제가 출제되었던 것에 근본적인 원인이 있었다. 사법시험처럼 광범위한 분야를 묻는 시험의 경우에는 설령 시험 직전에 확인하지 못했다고 하더라도 장기 기억으로 저장되어 있는 기억을 활용해서 문제를 해결 수 있어야 한다. 앞에서 기억의 원리를 이야기했는데, 시험에 합격하기 위한 핵심 포인트는 단기기억을 장기기억으로 전환시키고, 부족한 부분은 단기기억으로 보완하는 것이다. 이를 공부방법에 적용시킨다면 일정범위의 기본서를 정독하자마자 해당범위의 문제를 푸는 방법은 지양해야 된다.

2년차 이후 연습문제를 풀어볼 때에는 1~2일 전에 공부한 기본서 범위를 기준으로 해당 범위의 문제를 풀었다. 이렇게 했더니 문제를 연습하는 것 자체가 에빙하우스의 복습의 원리에 부합하는 복습방법이 되었고, 현재 공부하는 기본서 내용과도 연결이 잘 되었다. 한번은 한 과목의 기본서 내용을 모두 본 뒤에 다른 과목의 기본서를 볼 때에 앞서 보았던 과목의 객관식 문제를 풀기도 하였는데, 이런 방법은 시간적 간격이 너무 길어서 잘 기억이 나지도 않았을 뿐만 아니라, 정답 확인 등에 너무 많은 시간이 필요했다. 이런 방법은 좋지 않다. 따라서 1~2일 전, 길어도 3일 이전에 공부한 내용에 대해 문제를 푸는 것이 맞을 것이다. 이는 논술형 시험인 2차시험에 대한 연습시에도 지켜져야 한다. 즉 학원의 모의고사 진도보다 1~2일 먼저 기본서를 볼 수 있도록 준비하고, 모의고사는 1~2일 전에 보았던 내용에 대해 시험을 보는 게 좋다.

문제를 푸는 연습은 실전과 동일한 조건하에서 실시되어야 한다. 여기서의 조건이란 동일한 시간제한이 있어야 한다는 것과 기본서 등의 다른 자료를 참고할 수 없어야 한다는 것을

의미한다. 만약 문제를 풀다가 잘 모르겠으면 체크하고 넘어
간 다음에 나중에 다시 풀어보는 버릇을 길러야 한다. 모른다
고 바로 해설지에 손이 간다면 논리적 사고능력이 길러질 수
없으며, 자기 수준을 확인할 기회도 잃어버리게 된다. 나중에
채점할 때까지도 정답을 잘 모르겠다면, 우선 기본서를 빠르
게 확인해서 관련내용을 확인해 보고, 그래도 모를 경우에 한
해 답안을 보는 편이 좋다.

틀린 문제는 다시 틀리기 쉽다. 문제지를 복습할 때에는 잘
몰랐던 문제에 대해서 집중적으로 복습하는 것이 좋다. 알고
있는 문제는 눈으로 훑어보는 정도로 족하다. 틀린 문제에 대
해 오답노트를 만들어 정리하는 편도 괜찮다. 하지만 오답노
트를 만드는 데에는 많은 시간이 필요하므로, 문제지에 자신
이 이해하는데 필요했던 내용을 기재해서 나중에 확인하는 방
법도 좋을 것이다. 논술형 시험일 경우 답안 전체를 기록하는
방법으로 정리해두기 보다는 목차 위주의 논리전개, 즉 트리
노트(tree note)를 만들어서 복습하는 방법이 효과적이다.

고시생의 하루

　　일반사회에서는 특정 시험을 장기간 준비하는 사람들을 일 컬어 "고시생" 이라고 한다. 시험의 난이도에 따라서 준비기 간이 상이하고, 공부량도 다를 것이지만 나의 대학생활과 사 시 합격생들의 모습을 기초로 고시생의 하루가 어떻게 진행되 는지 간략히 설명하겠다.

　　대학생이라면 통상 학교수업과 병행해 가면서 사시 1차시 험을 준비한다. 따라서 대부분 학교 도서관 또는 학교 부근에 서 공부를 한다. 내가 공부할 당시, 아침 7시 20분 정도까지는 학교에 나와야 법대 도서관 또는 5층 열람실에 자리를 잡을 수 있었다.(서울대 중앙도서관이나 기타 도서관들은 법대생들이 거의 가지 않는 장소였다. 즉, 시설과 공부분위기 면에서 법대 와 비교가 되지 않는 장소이기에 공부장소로는 비선호지역에 해당됐다) 중간고사나 기말고사가 있거나, 1차 또는 2차시험 이 가까워지면 자리잡기 경쟁은 더욱 치열해져서 7시 이전에 야 겨우 자리를 잡을 수 있게 되었다. 오전에 일찍 자리를 잡 아야 오전 공부시간을 충분히 확보할 수 있다. 늦잠을 자서 메 뚜기 신세로 이자리 저자리 기웃거린다면 눈치도 보일 뿐더러 집중도 잘 되지 않는다.

학교에서 공부할 경우, 통상 학원에 가거나 수업을 받을 때에만 잠시 자리를 뜨고 나머지 시간에는 하루종일 책상앞에 앉아있게 된다. 등교시간에는 어수선한 분위기도 있기 때문에, 대략 아침 8시 전후부터 본격적으로 공부를 시작하게 되는데, 수업시간과 점심시간 및 저녁시간(양치질을 포함하여 각각 40분정도)을 제외하고 학교가 문을 닫는 11시까지는 계속 공부만 한다. 계산상으로는 학교 도서관 등에 있는 시간이 14시간을 넘게 되지만, 중간에 커피한잔을 먹고, 잠깐 쉬고 하다보면 실제 순공부량은 10~12시간 정도 되었던 것 같다. 즉 ,고시생의 하루는 밥먹고 강의 듣는 것을 제외하고는 계속 책상앞에 앉아있는 아주 무미건조한 삶이다.

나는 2년차때 1차시험을 준비하면서 사시 수석을 했던 학생의 근처에서 공부했었다. 그 당시 법대 5층의 열람실에서 공부했는데, 열람실은 자유석(비지정석으로 오는 순서대로 임의로 앉을 수 있는 자리)이었지만 무슨 불문율이라도 있는 것처럼 매학기 자기 자리가 정해져 있는 것과 마찬가지였다. 그 학생이 앉는 자리는 거의 1년이 넘게 동일했고, 내가 늦는 날이 아니라면 나는 그 학생 근처에서 공부를 했다. 간혹 매너없는 사람이 뻔히 그 학생 자리임을 알면서도 아주 일찍 나와서 그 사람 자리를 차지하는 경우도 있었지만, 어쨌든 꾸준히 옆에서 공부하면서 수석합격을 하는 사람은 어떤 스타일로 공부하는지를 지켜보게 되었다.

그 학생은 일단 책을 펴면 거의 쉬지 않고 책상에 붙어있는 스타일이었다. 다른 사람들이나 주변상황에는 거의 관심을 갖지 않았고 공부에만 집중했으며, 내 기억에는 한번 앉으면 2시간이 넘기 전에 일어선 적이 없었던 것 같다. 나의 경우에는 조금 달랐다. 1시간 넘게 집중해서 책을 읽고 외우다 보면 머리에 쥐가 난 것처럼 책의 내용이 잘 들어오지 않았다. 그래서 1시간 30분정도가 넘으면 한 5분 정도는 꾸준히 쉬어준 것 같다. 자주 쉬는 것과 가끔 쉬는 것은 개인차라고 하지만, 분명한 것은 쉬지 않고 오래 공부할 수 있는 지구력이 있어야 남들보다 더 많은 양을 공부하고 생각할 수 있으며 합격할 가능성이 더 높다는 것이다. 학교에 있는 시간이 중요한 것이 아니라 실제로 공부에 집중하고 있는 시간이 중요하다. 자주 안 쉬는 버릇을 가진 사람이 수석을 한 것을 보면, 가능한 한 적게 쉬면서 많은 시간을 공부하는 방향으로 버릇을 들이는 것이 맞다.

사시 2차생들은 대부분 휴학을 하고 독서실에서 공부를 하는 것 같다. 내가 3년차 2학기에 신림동 독서실에 들어가서 보니 자리 상당수를 2차생들이 차지하고 있었다. 휴학을 하면 학교 등하교 시간을 아낄 수 있어서 시간확보가 다소 용이하지만, 도서관 자리경쟁을 안하다보면 상당히 나태해질 수가 있다. 2차시험은 모든 수험생들이 1년간 각고의 노력을 투입해서 진검승부를 하는 시험이다. 하루하루의 노력이 1년간 쌓여서 승부를 가를 수가 있는데, 매일 남들보다 1시간 또는 2시간씩 손해를 본다면 결국에는 돌이킬 수 없는 차이를 가져오게 된다. 따라서 자리 경쟁이 없다고 하더라도 규칙적이고 부지런한 생활을 해야 한다. 최소한 8시 30분부터는 공부를 시작해야 되고, 밤 12시까지는 자리에 앉아있어야 한다. 십여년 전에 사법고시에 합격한 내 형도 그랬고, 최근에 합격한 친구들을 봐도 그런 것을 보니 이 정도는 사시 2차생이라면 지켜야할 최소한의 마지노선인 듯싶다.

그런데 나는 통상적인 고시생 생활을 체험한지 시간이 꽤 되었다. 하지만 위에서 설명한 것들은 현재에도 적합하리라 생각된다. 독자중에는 내가 수험생 생활을 어떻게 했는지 궁금하신 분도 계실 것이다. 특히 현재 일하면서 공부를 하시는 분의 경우에는 더욱 그럴 것이다. 하지만 내가 여기서 나의 하루일과를 설명하는 것은 1000명중의 1명의 케이스를 쓰는 것과 마찬가지로 보편적으로 적용할 곳이 없을 뿐만 아니라, 쓸데없는 자화자찬으로 흐를 확률이 높다. 그리고 여건이 충분한 보통의 고시생이 나의 경우를 최저 한계로 삼고 공부해서는 절대로 안될 것이다. 따라서 내 수험생활은 생략하고 싶다.

슬럼프 극복하기

취미가 공부일 정도로 책읽기와 외우기에 재미를 붙인 사람이 아니라면, 누구나 수험기간 중에 한두번쯤은 슬럼프를 겪어보았을 것이다. 보통 스포츠 종목에서 '어떤 선수가 슬럼프에 빠졌다'고 하면 그 선수의 성적이 예전보다 형편없이 나빠졌을 때를 말한다. 하지만 수험생에게 슬럼프는 다른 의미인 듯싶다. 즉, 객관식이나 논술형 모의고사를 봤는데 계속 성적이 나쁘게 나왔다고 해서 이를 슬럼프라고 하지는 않는다 (이런 경우, 통상 재수가 없었다고 생각하지만 그게 실력인 것이 안타까운 현실이다). 통상 수험생들에게 있어서 슬럼프란 공부를 하고 싶지 않거나 공부를 해도 능률이 오르지 않고, 막연한 불안감에 때문에 밤잠을 설쳐 컨디션이 늘 저조하거나, 심한 경우 우울증에 걸리는 경우 등을 말한다.

건강 등에 문제가 없음에도 운동이나, 취미, 연애, 사교 등에 빠져서 단지 공부를 하고 싶지 않거나, 공부를 해도 능률이 오르지 않는다면 그건 마음가짐만 고쳐먹음으로써 해결이 가능하다. 자신이 시험에 불합격하면 어떻게 되는지를 상상해보라. 100이 있어야 합격하는 시험에서 101 이상을 해서 안전하게 합격을 할 것인지, 아니면 99를 해서 다시 1년 동안 똑같은 방법으로 같은 내용을 지겹게 공부해야 되는지 곰곰이 생각해 보면, 단지 힘들다고 해서 마음을 약하게 먹는 것이 얼마나 바보짓인지 금방 깨달을 것이다. 공부습관에는 관성의 법칙이 적용되기 때문에 하루쯤 쉬고 싶은 유혹에 한두번 넘어가다 보면 결국에는 하는둥 마는둥 하는 방향으로 흐르게 된다. 어떤 유혹이 앞에서 어른거리더라도 마음을 굳게 먹어야 합격이 다가온다.

독감 등으로 인해 공부패턴이 흔들려서 공부가 잘 안되는 경우도 있다. 몸이 아파서 책을 손에서 3~4일 정도 놓았다가 다시 잡는다면 종전의 공부집중력이 발휘되지 않고 진도도 잘 나가지 못하게 된다. 이런 경우에는 조급해하지 말고 천천히 페이스를 끌어올리는 것이 좋다. 몸이 아파서 하루 이틀 쉰 것에 신경을 써가면서 조급하게 진도를 빼려고 하거나 다시 몸에 무리가 갈 정도로 공부한다면 예전의 집중력을 다시 회복하는 데에 오히려 시간이 더 걸릴 것이다. 차라리 다시 공부하기 시작한 날에는 예전 한창때의 60% 정도만 하고 쉬어주고, 다음날에는 80%, 그 다음날에는 90% 정도로 점차적으로 강도를 높여야 한다.

불안감을 달고 사는 것은 집중력도 저하될 뿐만 아니라, 불면증을 불러와서 슬럼프에 빠지기 쉽다. 그런데 수험생 중에서 불안하지 않은 사람은 거의 없을 것이다. 즉, 자신만이 불안한 것이 아니므로 절대로 손해보는 것이 없다고 생각해야 되며, 불안해서 잠이 안온다면 '내일은 불필요한 시간낭비를 없애면서 더 열심히 공부하자' 고 각오를 다지면서 잠을 청해야 한다. 밤잠을 잘 자야 하루 공부한 내용을 두뇌가 잘 정리할 수 있고, 다음날 공부를 위해 컨디션을 끌어올릴 수 있기 때문이다. 불필요한 불안감은 떨쳐 버리고 자신만만하게 수험 준비를 하라.

우울증. 최근 여러 연예인들이 자살을 하면서 사회적인 이슈가 되었던 정신질환인데, 수험생 중에도 우울증 증세를 보이는 사람들이 많이 있을 듯하다. 심지어 사회 지도층 인사들도 사소한 문제를 비관해서 자살하는 경우도 있는 것을 보면 우울증은 사회 전반에 걸쳐 널리 퍼져있는 문제인 듯하다. 이런 우울증 증상은 승승가도를 달리던 사람들이 어떤 문제로 인해 급격히 자아존중감이 하락할 때에 통제할 수 없는 정도로 심해지는 것 같다. 나도 수차례 낙방을 거듭하면서 우울증과 비슷한 증세를 겪었다. 나의 경우, 「나 자신에 대해 내가 어떻게 평가하는지」에 따라 이런 증세는 심해지기도 했고 완화되기도 했다. 물론 사법시험에 합격한 지금은 남들이 뭐라고 말하던 별로 신경쓰지 않게 되었고, 항상 ‘참 잘했다’고 생각하기 때문에 이런 증상들은 완전히 사라졌다.

나는 나에 대한 남의 평가에 다소 예민한 편이다. 남자이고 결혼도 했기에 외모에 대한 악평 따위는 전혀 신경쓰지 않지만, 인간성이라던지 행태에 대해서 비난을 하는 사람이 있다면 어떻게 해서든 해명을 하려고 노력하거나 변명을 하려고 했다. 그런데 살다보니 세상에는 별의 별 인간들이 다 있고, 대꾸할 가치조차 없는 말들도 돌아다니는 것을 알게 되었다.

앞에서 살짝 언급하였지만, 필자는 유복한 집안에서 태어났다. 우리 집안의 남자들에게는 전통이 있는데, 집안 친척 중에 현역으로 군제대를 하지 않은 사람이 한명도 없다는 것이다.

즉, 남자라면 군대에 가는 것을 당연히 여기고 자랑스러워하는 것이 우리 집안의 분위기이다. 나도 생도시절에 육사생도임을 자랑스럽게 여기고 최선을 다해 생활하였고, 우리 집의 가훈처럼 매사에 '지성'을 다하는 것을 내 군생활의 목표로 삼으면서 살아왔다. 그런데 세상은 사람을 항상 있는 그대로 평가하는 것만은 아닌 듯하다. 내 자신의 노력으로 이뤄낸 성과도 집안 배경과 연관시켜서 왜곡하는 사람도 있었고, 무슨 이유로 나와 인연을 끊으려는지 잘 알지도 못하면서도 나를 욕하고 돌아다니는 사람도 있었다. 어느 사회에 있더라도 항상 이런 식으로 말을 만들어 내는 사람들이 조금은 있는 듯하다. 그중에서 가장 견디기 힘든 말은 '내가 공부를 하지도 않으면서 공부하는 척 하는 사람' (어느 형법판례를 연상시키는 말이었다)이란 소리였는데, 이는 나를 도와주었던 사람들에게 극도의 배신감과 불신을 안겨주는 것이었다. 나를 아끼는 사람들은 이런 이야기들을 나한테 전하면서 우려를 표시하거나 조언을 해 주었고, 나는 이런 문제를 어떻게 해결해야 되나 매번 고민을 하고 자책을 하기 일쑤였다. 이런 일들을 겪으면서 수험생활이 길어지다 보니 내가 우울증 비슷한 증상을 겪고 있다는 것을 알게 되었고 어떻게 극복할 것인지 고민하게 되었다.

참고로, 말이라는 것은 돌고 돌아서 언젠가는 당사자 귀에 들어가게 마련이다. 지금에서야 이야기하지만 나는 이런 말을 지어내던 사람들이 누구인지 거의 다 알고 있다. 지금도 그런 말을 누가 하고 다녔는지 내 귀에 말해주는 사람들이 간혹 있다. 사람의 인연은 수레바퀴와 같아서 언젠가는 다시 만나거나 후대에 영향을 미칠 수 있다. 이를 생각한다면 사정을 잘 알지도 못하면서 함부로 남을 흉보는 언행을 해서는 안된다.

세상에는 호의를 베풀어도 원수로 갚는 사람들이 있는 것 같다. 그런 말을 했던 당사자들은 내가 자신의 언행을 모를 것이라 짐작하며 합격한 내게 악수를 청하지만, 나는 그 사람의 멋쩍은 웃음 뒤에 숨겨진 비정함과 비굴함이 역겨울 정도로 싫다. 아마도 얼마 전 생을 마감한 어느 연예인도 동일한 감정이었으리라 짐작된다.

어쨌든 공부하기 싫은 이유가 단지 놀고 싶어서가 아니라 우울증 때문이라면 이는 심각한 문제에 해당된다. 이런 증상은 내가 겪었던 슬럼프 중에 가장 강도가 센 편에 속했던 것 같다. 하루빨리 근원적인 문제를 해결하거나 정신과의 진료를 받아야 할 것이다. 나는 병원에 가는 대신에 내 자신이 현재의 상태를 파악하고 긍정적, 적극적 사고방식을 강화해 나가면서 극복하고자 노력했다. 아래에 내가 사용했던 해결방법을 간단히 소개한다. 나는 정신과 전문의가 아니기에 참고만 하기 바란다.

우선 자기가 우울증이나 정신적 문제가 있는지부터 살펴보아야 한다.

자기가 자기 자신을 어떻게 평가하는지 생각해보라. 자기를 아주 미천한 존재로 평가하고 있다면 우울증에 걸렸을 확률이 높다. 보통의 사람들은 자기 자신에 대해 아주 관대하게 평가한다. 자기의 단점만 계속 보이고 앞으로 더 잘못될 것이라 생각한다면 문제를 해결하고 넘어가야 한다.

혹시 확 죽어버리고 싶다고 생각해본 적이 있는가? 이런 적이 있다면 십중팔구 우울증일 것이다. 보통 사람이라면 그런 생각은 하지 않는다.

어떤 사람을 만나든 자기를 별로 좋지 않게 생각할 것이기 때문에 괜히 피하고 싶은가? 즉, 항상 자격지심을 느끼는가? 그렇다면 정상이 아니다.

이외에도 자신의 사고방식과 언행을 조금만 뒤돌아보면, 자신이 보통 일반인의 관점에서 정상인지 아닌지 손쉽게 판단할 수 있다. 일단 자기가 어떤 상태인지 확인이 되어야 치료이건 완화건 통제건 뭐든지 해볼 수 있는 것이다. 자기가 어떤 상태인지 잘 모르겠다면 정신과 진료를 한번 받아보기 바란다. 결코 나쁘지 않을 것이며 정신과 진료기록이 있다고 해서 공무원 임용에 제한이 되는 것은 아니다.

내가 1년차 공부를 할 때에 독서실에서 같이 공부하던 분이 계셨는데, 이 형님은 명문대 법대를 졸업하고 8년이나 지난 후, 뒤늦게 회사를 관두고서 한의대에 들어가서 한의사 자격시험을 준비하는 분이셨다. 이 분이 늘 하시던 얘기가 한의대 다니는 것이 하도 힘들어서 하루에도 '자살하자' 는 생각이 수십번 든다는 것이었다. 한의대에서 동기들이 매학년 7~8% 정도 일정하게 유급을 당하는 것을 지켜보면서 자기는 어떻게 해서든 유급을 피하려고 안간힘을 쓰는데 그게 쉽지 않았던 모양이었다. 어쨌든 뒤돌아보면 그 형님은 나랑 얘기할 때마다 자살과 관련된 얘기를 입에 달고 다녔는데, 한의사 시험에 합격한 후에는 서울에서 한의원을 개원하고 멀쩡하게 잘 살고 있다. 아마도 자기가 한의사이니까 자기 증세를 파악하면서 컨트롤을 잘 했기 때문이 아닌가 싶다.

그렇다면 수험생이 겪는 우울증의 치료방법은 무엇인가?

모든 합격생이 이야기하듯 합격이 가장 좋은 치료약이다.

자아존중감이 극도로 향상되기 때문에 남들이 뭐라 하건 전혀 관심이 없게 되고 자신감 넘치게 살 수 있다. 간혹 인터넷 게시판을 둘러보면 사시 합격생을 놓고서 자기가 더 잘났다고 우기는 모습을 볼 수 있는데, 그저 멀리 바다 건너의 나라에서 사는 원주민이 뭐라고 떠드는 정도로 밖에 느껴지지 않는다.

하지만 현재 공부하고 있는 수험생에게 당장 '합격' 약을 처방해 주는 것은 불가능하다.

차선책으로 취할 수 있는 방법은 수험생 자신이 자기 자신을 소중하게 생각하는 것이다. 즉, 우울증을 겪는 수험생이라면 좀 더 이기적으로 행동하면서 살아야 된다. 여러 사람이 같이 공부를 하다보면 이기적인 사람이 간혹 보이기도 하는데, 그런 사람들의 특징은 시험에 일찍 합격한다는 것이다. 이기적이기 때문에 남을 배려할 줄 모르고 주변 것들에 신경을 안 쓰기 때문일 수도 있지만, 반대로 자기 자신에 대해 신경을 많이 쓰기 때문에 심적 물적으로 다른 사람들보다 앞서나갈 수 있는 것이 아닌가 싶다. 통상 마음이 착하거나 남을 잘 배려해주는 나이스한 사람들은 시험에 아주 일찍 합격하거나 아니면 아주 늦게 합격하는 것 같다. 혹시 자신이 착한 편에 속한다면, 남들에게는 다소 미안할 수도 있지만 좀 더 못되게 행동하기 바란다. 필요하다면 새치기도 과감히 하고, 남 생각을 하지 말고 행동하면서 다녀야 한다. 한두명한테 못되게 굴어도 자신이 나중에 수백명의 희망이 된다면 사회 전체로 보아서는 그게 훨씬 나을 것이다. 그리고 평소에 착한 사람이 시험 때문에 다소 독하게 나온다고 해도 그런 것쯤은 이해 못해줄 사람도 별로 없다.

둘째, 「건강한 신체에서 건전한 정신이 나온다」는 것을 반드시 기억하라. 체력단련을 꾸준히 하고 잘 먹고 잘 입고 잘 자야할 것이며, 질병에 걸리지 않아야 할 것이다. 몸이 허약해지고 체력이 부족해지면 정신력도 약해진다. 늘 체력단련에 힘써라. 내가 그렇게 해서 정신력이 강해졌던 것 같다.

셋째, 외모가 초췌해져서 자신감을 잃었다면 하루쯤 과감히 투자하라. 대부분의 사람들은 외모를 꾸미면 인간이 달라보이게 된다. 거울을 보고 달라진 모습을 느낀 뒤, 합격한 후에는 항상 저것 보다 낫게 살게 될 것이니 그때까지만 참자고 다짐해야 된다.

참고로 보통의 사회 사람들은 사람의 얼굴에서 풍기는 이미지를 보는 것이 아니라, 그 사람이 어떤 차를 타고 왔는지, 또는 어떤 옷을 입고 왔는지를 살펴보는 것 같다. 나도 양복을 입고 다닐 때와 캐주얼을 입고 다닐 때 사람들이 나를 대하는 태도가 현격하게 변하는 것을 느낄 때가 많았다. 그런데 고시 공부 때문에 수년을 넘게 츄리닝에 반팔, 반바지로 살게 된다면 자신도 알게 모르게 정신적 데미지가 쌓이게 될 것이다. 여유가 된다면 가끔씩은 자신에게 투자하라.

넷째, 남의 이야기 따위는 신경쓰지 말아라. 자신을 나쁘게 평가하는 말을 서슴없이 하는 인간이 있다면 해명이라든지 변명따위를 할 필요도 없다. 살다보니 "내가 너를 위해서 하는 말인데" 라는 수식어를 붙이면서 나를 비난하거나 나한테 불이익을 강요하는 사람들이 있었는데, 조금만 생각해보면 내 가족이나 절친한 선후배 및 동료, 죽마고우 등이 아닐 경우 나의 장래를 대신 걱정해줄 만큼 여유있는 사람이 매우 드물뿐더러, 결론적으로 자기 의도대로 내가 행동해주기를 바라면서 그런 이야기를 하는 경우가 많았다. 그런 인간의 말은 그냥 소리에 불과하다. 만약 주변에 당신을 안좋게 평가하는 사람들이 넘쳐난다면 한동안 잠수를 타거나, 그들 모르게 공부장소를 바꿔야 된다. '인간관계가 중요하다' 거나, '이 바닥이 좁다' 거나 그런 말들은 살다보면 별로 중요하지 않다는 것을 알게 될 것이다. 자기가 잘되면 사람들이 개미떼처럼 모이게 되지만, 자기가 별볼일 없으면 아는 사람도 멀어지는 것이 세상일이다.

마지막으로 살아있다는 것 자체로 기회가 계속된다는 것을 명심해라. 여건이 안좋고 어렵다고 해도 포기하거나 죽어버리면 기회는 끝난다. 일단 살아 있으면서 노력을 한다면 언젠가는 자기 차례가 돌아온다. 그리고 시험이 아니더라도 인생에는 수많은 길이 있다. 나처럼 인생에 대해 깊게 생각해본 적이 있다면 재미있는 삶의 길이 정말로 많다는 것을 깨달을 것이다. 괜한 고민은 하지 말아라.

추가적으로 꼭 해주고 싶은 말은 정신적으로 문제가 있다면 앞서 언급했듯이 정신과 진료를 반드시 받아야 한다는 것이다. 신체적 문제이건 정신적 문제이건 몸이 어딘가 아프다면 빨리 해결할수록 시험에 합격하는데 도움이 된다. 일단 식별되면 최대한 빨리 병원에 가서 치료를 받고 다시 정진해야 된다.

Part 03 사법시험 1차시험 준비요령

(객관식시험 준비요령)

1차시험의 특성

어떤 시험에 도전한다면 우선 그 시험의 특성을 알아야한다. 어떤 방식으로 출제되며 시험시간과 난이도를 파악하는 것은 공부방법을 결정하는 기초가 된다. 이런 것들을 준비하지 않는다면 시험장에서 당황하는 사태가 발생할 수 있다.

1차시험은 객관식 시험이다. 기본3법은 각 과목당 총 40문항으로 이루어져 있으며 각 문항의 배점은 2점, 3점, 4점 등 3가지 종류이고, 선택과목은 총 25문항이며 각 문항의 배점은 2점이다.

과거 1차시험은 비교적 짧은 지문의 형식으로 출제되었고, 문항당 배점도 문제의 길고 짧음에 상관없이 동일하였지만, 현재의 1차시험은 상당히 긴 지문의 형식으로 출제되며 문항당 배점도 상이하다. 따라서 평소부터 긴 문장을 빠른 시간 내에 정확히 읽는 연습이 필요하며 배점에 따른 시간 분배를 할 수 있어야 한다.

1차시험 자격요건 갖추기

사법시험 또는 기타 자격시험을 치루기 위해서는 갖춰야할 자격요건이 있다. 사법시험의 경우 법학과목 35학점 이수와 영어 대체시험 통과를 요건으로 하고 있다. 자세한 내용은 법무부 사법시험 홈페이지를 참조하기 바란다.

(http://www.moj.go.kr/barexam)

법학과목 학점을 이수할 때에는 시험과 연계된 과목들 위주로 듣기를 권한다. 즉, 법제사 또는 법철학처럼 시험에 직접적으로 연관되지 않는 법학 교양과목들은 과감히 제외하고, 사시에 포함되는 7법(헌법, 민법, 형법, 행정법, 민소법, 형소법, 상법)과 1차 시험의 선택과목 위주로 수강하는 것이 시험준비 측면에서 유리하다.

영어 대체시험은 텝스나 토플같이 다소 어렵고 부담되는 과목보다는 비교적 쉽고 점수가 잘 나오는 토익으로 간단히 처리하는 편이 좋다. 토익의 경우 초심자라면 혼자 공부하는 것보다는 예상문제를 잘 찍어주는 학원에 다녀서 빠른 시간 내에 700점 이상의 점수를 획득하는 게 좋다. 응시자격은 말 그대로 자격에 불과한 것이므로 최소수준으로 통과한다고 해도 전혀 문제될 것이 없다.

법학 응시자격을 조기에 갖추지 못하고 1차 시험 직전까지 고전(苦戰)하는 수험생들이 있는데, 이는 막판 집중력을 저해하는 요인이 된다. 최대한 빨리 자격요건을 취득하고 시험에 올인하는 편이 현명하다.

법률서적을 처음 보는 경우

　법률관련 서적을 처음 본다면 용어도 낯설고 문체도 지루한 까닭에 정독하기가 만만치 않을 것이다. 어떤 사람들은 처음부터 기본서 전체를 암기하겠다고 덤비는 경우도 있다. 그러나 그것은 지나친 욕심이다. 마치 소설책을 넘기듯 큰 의미를 두지 않고 술술 넘겨보는 과정이 필요하다.

　법서를 처음 볼 때에는 가장 중요한 것은 용어에 익숙해지는 것이다. 한자의 의미를 모를 경우 연습장에 몇 차례 써 보아서 같은 한자가 나왔을 때에 막힘이 없어야 한다. 용어의 정확한 개념을 숙지하지는 못하더라도 대강의 의미는 확인하고 넘어간다는 생각으로 책을 보면 된다.

　어떤 분야에 지식이 깊어지는 과정은 나무가 커가는 과정과 유사하다. 큰 줄기에서 가지가 자라고 다시 잎이 커지는 것이다. 처음부터 잎만 키운다면 볼품없는 나무가 될 것이다. 초심자들은 욕심을 버리고 2~3회 훑어 보면서 일단 기본 뼈대(책의 목차)만이라도 숙지하는 것이 필요하다.

교재를 잘 골라야 합격한다

나는 시험을 수차례 보면서 교재 선택이 점수를 크게 좌우한다는 것을 체험하였다. 아무리 열심히 책을 이해하고 통달한다고 해도 자신이 보았던 자료에서 문제가 출제되지 않는다면 헛수고에 불과하다. 책을 잘 고르는 것이야 말로 당락에 직접적인 영향을 미친다.

어떤 교재로 공부해야 될 것인가? 먼저 기본서에 대해 언급하겠다.

좋은 기본서가 되기 위해서 가장 중요한 요건은 주요 논점의 누락이 없어야 한다는 것이다. 즉, 현재 시판중인 유명 대학 교수님들의 의견을 모두 담고 있고, 다양한 분야의 최신 논점을 대부분 터치하고 있어야 한다.

둘째, 많은 수험생들이 선택한 기본서, 이른바 대세(大勢)이어야 한다. 객관식 시험은 커트라인만 넘으면 된다. 따라서 불필요한 모험을 삼갈 필요가 있다. 남들이 틀리는 문제는 틀려도 된다. 그러나 대다수가 맞추는 문제는 틀리면 안된다.

셋째 책의 편집이 눈에 잘 들어와야 한다. 예를 들어 너무 깨알같은 글씨들로만 조판된 책은 그다지 권하고 싶지 않다.

이는 사람마다 조금씩 차이가 있을 수 있는데, 요즘 나오는 책들을 보면 워낙 편집이 잘 되어 있어 대부분 별 차이가 없다고 생각한다.

헌법의 경우 과거 모(某)교수님의 헌법 기본서가 많이 선택되었으나, 이미 은퇴하신 분이므로 최신화에 다소 미흡한 감이 없지 않다. 명확한 개념을 숙지하고 깊이 있는 이해를 하고 싶다면 정종섭 교수님의 헌법학 원론, 헌법소송법 등을 참고하기를 바란다. 수험생들이 많이 보는 교재로는 황남기, 정회철, 금동흠 등 학원강사의 교재 정도가 있는데, 개인적으로는 최근 많이 개선된 황남기 강사의 교재를 추천한다. 2~3년 전만 해도 1차 헌법 시험에 부속법령 조문이 많이 출제되었는데, 최근에는 이러한 경향이 다소 축소된 듯싶다. 그래도 수년 전의 경향은 2년 주기로 부속법령을 다수 출제하였기에 1월 즈음에 김현석 강사 등의 부속법령집 한권을 마련하여 비슷비슷한 조문을 구별해 가면서 달달 외우고 시험장에 들어가기를 권한다.

민법의 경우에는 김형배 또는 지원림 교수님의 기본서가 대세를 이루고 있다. 이외에도 여러 교수님의 기본서가 있다. 기본서로는 김형배 또는 지원림 교수님의 한권짜리 교재 중에 어느 것을 택해도 괜찮다고 본다. 가족법의 경우에는 별도의 책을 보라고 권하고 싶다. 가족법은 주로 조문과 판례 위주로 시험이 출제되고 때로는 계산문제도 출제되는데, 평소 연습을 통해서 대비하기를 권한다. 나는 초시 때까지는 김형배 교수님의 책을 기본서로 봤다가, 재시 이후에는 지원림 교수님의 책으로 바꿨다. 가족법은 정일배 변호사의 책을 보았는데,

이에 대해서는 의견이 분분하다. 유정 변호사의 책이 새로 나왔는데, 독자 반응을 보고 고르기를 권한다. 추가적으로, 과거 조문 및 이론위주 시험에서는 유명 판사의 요약서도 많이 보았는데, 좋은 기본서가 쏟아지는 현 시점에서 요약서로만 공부하는 데에는 위험이 크다고 본다. 기본서와 함께 보기를 권한다.

형법의 경우 모(某)교수님의 기본서가 명저라고 하는데 머리가 좋지 않은 나로서는 책을 읽을 때 암호를 해독하는 것처럼 난해한 느낌이 들었고, 저자의 독자적인 견해로 인해 초심자에게는 오해의 소지가 많다는 점에서 별로 추천하고 싶지 않다. 어떤 수험생은 위의 모교수님의 책과 모강사 보충교재로 좋은 점수를 받았다고 하는데, 간명하게 신호진 강사의 단권화 교재로 밀고 나가기를 추천한다. 이것만 봐도 무리없이 90점을 넘길 수 있다

위에서 추천한 기본서들은 이른바 기본3법에 대한 1차생들이 대세라고 할 수 있으며, 시험의 종류를 불문하고 일단 수험가의 대세에 순응하는 것이 안전하다고 본다. 만약에 대세가 새롭게 바뀌었다면 그에 따르면 된다. 그리고 요즘은 매년 교재가 새로 발간되고 있는데 추록이 나온다면 끼워넣기 보다는 기존 책에 표시를 해 가면서 별책으로 읽기를 권하며, 추록이 안 나온다면 아쉽지만 새로 발간된 책을 구입하여 정리해야 한다.

1차시험에서 선택한 기본3법의 기본서는 2차시험이 끝날 때까지 사용할 것들이다. 필자가 2차시험 준비과정에서 1차시

험에서 사용한 기본서를 다른 교수저로 바꾸거나 학원강사의 교재로 바꾼 적이 있었는데 결과가 별로 좋지 않았다. 1차때 봤던 기본서를 내팽겨치는 것은 시간적인 측면과 공부 효율적 측면에서 그리 좋지 못하다. 자신의 기본서가 부족하다고 생각되면 그 부분에 대해서만 다른 기본서 또는 참고자료의 내용을 옮겨 적으면 된다. 물론 따로 봐도 무방하다.

다음으로 문제집에 대해 살펴보겠다. 1차 시험은 객관식 시험이다. 계산형 문제를 제외하고는 기본적으로 지문에 대해 ○×를 확인하는 문제라고 보면 맞다. 문제는 주로 헷갈리고 오해하기 쉬운 개념에 대한 구별능력이나, 특정 개념에 대해 포섭 및 적용할 수 있는 능력을 확인하는 방향으로 많이 출제된다. 시험에 나오는 빈도는 ① 판례 ② 법조문(판례는 대부분 법조문 문언대로 판결한다) ③ 이론 순(順)이다.

최고의 객관식 문제집은 최근 5개년도 기출문제이다.(법무부 사법시험 홈페이지에서 다운로드 받을 수 있다) 기출문제는 출제의 방향을 제시해 준다. 그러나 5년치 기출문제를 기본서에 일일이 표시하는 것은 의미가 없다. 왜냐하면 동일한 논점이 다시 출제될 지 여부는 불확실하기 때문이다. 한 과목당 수백개의 주요 소논점이 있는데 이중에서 작년에 출제된 문제라고 하여 넘어갈 수 있는지 아니면 또 나올지 알 수 없는 일이다. 다만 기출문제를 풀어보면 출제위원들이 최근 어느 「분야」를 중요하게 생각하고, 다른 중요한 「분야」의 문제가 몇 년동안 출제되지 않았으니 이번에는 출제될 확률이 높음을 짐작할 수는 있다. 처음부터 무작정 기출문제를 풀어보기 보다는(아마도 크게 좌절할 것이다) 기본서를 2번정도 정독한 후에 풀어봐서 공부 방향을 정하는 것이 좋다.

학원에서 가을부터 시작하는 진도별 모의고사와 전범위 모의고사는 수험생들이 가장 선호하는 객관식 문제집 중 하나이다. 계절이 바뀌어 찬바람이 불고 학원에서 진도별 모의고사를 실시할 때, 그 때부터 객관식 문제를 풀어나가기 시작해도 남들보다 뒤처지는 것은 아니다. 진도별 모의고사가 끝나면 전범위 모의고사를 과목별 10회정도 실시하는데 반드시 실제 시험처럼 시간을 정해서 풀어봐야 한다. 내 경험에 따르면, 전범위 모의고사에서 받은 점수와 실제 시험에서의 점수는 거의 일치하였다. 만약 전범위 모의고사 점수가 계속 90점 이상으로 높게 나온다면 절반 정도만 풀어봐도 무방하다. 그렇지 못하다면 반드시 높은 점수가 나올 때까지 꾸준히 전범위 모의고사를 풀어봐서 스킬도 익히고 자신감도 회복해야 한다. 한편, 시중에는 각 과목별로 교수 객관식 문제집이 나와 있으나 가격에 비해 효용성은 떨어진다고 본다. 차라리 전년도 진도별 모의고사를 풀어보는 편이 나을 것이다.

다음으로 판례집이 문제되는데, 먼저 어떤 판례를 이해하고 암기해야 되는지 설명하겠다. 판례를 볼 때에는 전원합의체 판결처럼 다수의견, 반대의견, 보충의견을 모두 숙지해야 할 필요가 있는 것이 있는 반면에 사안과 결론만 알아도 충분한 판례가 있다. 어떤 판례집은 기본서에 나오는 판례의 유사

판례를 반복하여 실어 놓거나 사실관계와 결론만 알아도 되는 판례를 마치 중요한 판례인양 강조하여 오히려 독자들에게 혼란만 가중하는 경우가 있다. 소화가 가능한 정도로만 추려서 공부해야 될 것이다.

기본 3법의 판례집은 기본서보다도 두꺼울 정도로 분량이 많은 경우가 대부분이다. 언뜻 보기에는 한번 정리하는 데에도 막대한 시간이 걸릴 것처럼 느껴진다. 그런데 시간이 부족하다고 하더라도 판례를 소홀히 할 수가 없다. 왜냐하면 요즘 출제경향은 판례를 강조하기 때문이다. 그렇다면 판례집은 언제 어떻게 봐야할 것인가?

내 생각에는 일단 기본서의 판례 내용을 완벽히 숙지한 다음에 판례집을 들춰보는 것이 순서라고 본다. 기본서에 나오는 판례도 잘 모른 채 판례집에 나오는 모든 판례를 이해하거나 암기하려고 덤빈다면 시간을 과다하게 소비할 것이다. 판례집은 자신의 기본서에는 나오지 않은 부분이나 전원합의체 판결의 전문과 같이 중요한 부분에 대해서만 선택적으로 봐줄 필요가 있다. 기본서에 누락된 부분들에 대해서만 3M사의 플래그를 이용하여 표시를 해 두거나 또는 중요 판례들을 요약하여 기본서에 적어준다면 보다 효율적으로 공부할 수 있다.

사실 나의 경우, 올해 1차 시험은 시간이 없어 판례집을 전혀 보지 못했다. 기본서의 판례에 학원에서 나눠준 최신판례만 더해서 공부했는데, 합격선을 충분히 넘었음은 앞에서 언급한 바이다. 기본서의 내용만 충실히 알고 있어도 어지간한 판례문제는 전부 풀 수 있다. 왜냐하면 판례는 기본적으로 조문을 문구에 충실하게 적용한 것이며, 어떤 쟁점에 대한 판례의 태도만 숙지한다면 유사한 다른 판례를 못 봤다고 해도 유추해서 풀 수 있기 때문이다.

추천하고 싶은 판례집으로 헌법의 경우에는 정회철 판례집과 당해년도 최신 헌재 결정례 및 판례(상반기 및 하반기 판례), 민법과 형법은 최신 판례 정도이다. 딱히 이해가 안되는 경우에 한해 추가적으로 공부해도 무방하다고 본다.

어떤 수험생은 객관식 문제의 지문으로 판례를 공부하는 경우도 있는데, 같은 노력을 들이고도 효율이 아주 낮은 방법이라고 할 것이다. 판례를 공부할 때에는 사안을 구체적으로 이해하고, 판례가 어떤 태도를 취했는지 암기하는 것이 중요하다. 단편적인 지식은 파편에 불과하여 1차시험에서도 응용이 곤란할 뿐 아니라, 2차시험에서는 별로 쓸모가 없다. 즉, '왜 그렇게 되는지'에 대한 고민이 없으면 사법시험 최종합격은 요원하다.

마지막으로 선택과목에 대해 살펴보겠다. 나는 4번의 시험을 치르는 동안 국제법만을 선택과목으로 택하였다. 국제법은 성문의 법전이 아니라 수많은 조약과 국제관습법, 법령 및 이론 등으로 이루어져 있는데, 헌법 내용과 겹치는 부분이 많으면서도 몇 년째 수험용으로 공부할 내용이 변하지 않는 특징이 있다. 즉 국제법은 한번 공부해 두면 두고두고 써먹을 수 있는 선택과목이다. 이에 반해 경제법은 기본3법과 연관성이 별로 없으면서도 매년 새로 암기해야 될 양이 적지 않고, 해마다 난이도 조정에 실패해서 수험생들간에 형평성문제가 제기되는 과목이다. 나는 안진우 국제법으로 공부해서 시험볼 때마다 국제법을 만점 또는 만점에 가깝게 받아왔다. 5년째 책도 바꾸지 않았다. 간혹 지문중에 잘 모르는 내용이 나오는 경우가 있는데, 우리나라의 법을 유추하거나 조리와 상식에 맞게 풀면 틀리지 않았다. 요컨데 1주일 정도만 투자하면 만점을 받을 수 있는 과목이 국제법이다. 선택과목별 점수조정제가 적용되는 현 사법시험제도에서 굳이 다른 과목을 선택하여 위험을 감수할 필요가 있을까?

참고적으로 사법시험 1차시험은 매년 학설과 판례의 비중이 뒤바뀐다. 전년도에 판례에서 집중적으로 출제된 경우, 그에 맞춰서 판례집을 달달 외우면 올해에는 학설과 이론에서 왕창 나오는 식으로 수험생의 뒤통수를 친다. 학설과 판례중 어느 하나에 올인하는 것은 그만큼의 위험을 감수해야 된다.

차라리 적절한 비율로 투자해야 안전하게 합격할 수 있다. 조문의 경우도 마찬가지다.

법전 보는 방법

기본서를 선택했으면 사시 2차시험용 법전을 한권 마련해야 한다. 운이 좋다면 매년 6월말에「법률저널」등의 인터넷 게시판을 통해서 사시 2차시험용 법무부 법전을 저렴한 가격에 구할 수도 있고, 아니면 고시서점에서 사시 2차시험 대비용 법전을 구입하면 된다.

대부분의 법령은 크게 총칙과 각칙(법령별 그 내용이나 명칭은 상이하나 의미는 대동소이하다)으로 구성되어 있다. 총칙은 해당 법을 적용할 때에 일반적으로 적용되는 규정들이고, 각칙은 특정분야에 대한 규율을 정하고 있다. 어떠한 법률문제를 해결하기 위해서는 그 사건을 해석하고, 그 사건에 적용될만한 법조문을 찾아서 요건과 절차를 구비했는지 검토한 다음 그 효과나 구제수단 등을 판단하는 과정을 거치게 된다.

따라서 하나의 사건을 해결하기 위해서는 총칙과 각칙을 모두 적용할 능력이 있어야 한다(물론 특별법과 일반법도 고려해야 함은 당연하다). 말하자면 여러 법조문을 동시에 볼 수 있을 만큼 넓은 사고를 지녀야 한다는 것이다. 흔히 말하는「학설과 판례의 대립」은 법령을 적용할 때에 각 조문의 요건 및 절차에 대한 문구 해석 또는 법조문이 없는 경우 등에 있어서 견해대립이 있는 경우를 말한다.

사시를 준비한다면 기본서를 읽기 전에 법전에서 해당 법령의 조문을 한번 이상 읽어봐야 한다. 비록 사시 1차시험에서는 법전이 제공되지 않지만, 2차시험에서는 법전만이 유일한 희망이다. 최소한 어느 부분에 무슨 내용이 있는지는 알아야 참고를 할 수 있다. 그렇다고 "제1조(목적) 이 법은……" 따위를 외울 필요는 없다. 각각의 법령은 서두에 목차를 두고 있으므로 법령의 목차를 눈여겨 보면서 총칙에 어떤 내용이 포함되는지 각칙에 어떤 내용이 포함되는지 한번 살펴보는 것만으로 충분하다.

기본서와 법전을 통해 사시 1차 시험준비를 충실히 한다면 시험볼 즈음에는 기본3법의 법조문 내용을 대부분 암기하게 될 것이다. 시간을 억지로 마련하여 조문을 암기하는 것은 바람직하지 않다(단 부속법령의 경우에는 어쩔 수 없다). 기본서를 숙지해가면서 자연스럽게 조문을 알게 되는 편이 좋다.

수험 시간계획 작성

　수험생들은 통상 학원진도에 맞추어 공부를 한다. 간혹 독자적인 시험계획을 세우는 사람도 있는데, 스터디 하기에 곤란하고 같은 독서실 내에서 선의의 진도 경쟁(옆자리 사람이 1차 공부를 하는 경우, 책을 얼마나 봤는지 지나가면서 흘끔흘끔 쳐다보는 것)을 하지도 못하게 되는 등 별로 좋지않다고 본다. 인기 사시학원의 매 순환별 진도는 수년의 시행착오를 거쳐서 조정된 적절한 공부량을 제시했을 확률이 매우 높다. 따라서 시험 1달 전까지는 학원 진도를 따라가면 된다. 만약에 진도를 채우고도 시간이 남는다면 이전과목의 복습을 하거나, 앞에서 공부한 내용을 간략하게 넘겨보는 정도로 만족하면 된다.

　하루에 2~3과목씩 병행해서 공부하는 경우가 있는데, 그다지 좋지 않은 방법이다. 학교 시험이 있다거나 진도가 밀려서 특별히 보충할 사유가 있거나 순수 리마인드 차원에서 공부하는 것이 아니라면 수개 과목에 대한 병행식 공부방법은 피해야 된다.

　1차시험 최종정리를 위한 시간계획은 시험일의 역순(예를 들어 2월 18일이 시험이면, 17일부터)으로 작성하는데 탁상용 캘린더에 간단하게 기록하면 된다. 나의 경우, 올해 1차시험 최종정리에서 기본3법과 선택과목을 마지막으로 빠르게 훑어 보는데 2일이 소요되었고, 각 과목별 4일 - 2일 - 1일 - 총정리 2일 정도로 계획을 세웠다. 대부분이 수험생이 나와 같은 방법으로 준비한다. 때로는 과목별 5일 - 1일 - 총정리 1일의 정도로 계획하는 경우도 있는데 양자의 차이는 없다고 봐도 무방하다.

기본서 정리하기

흔히들 사법시험 준비를 "밑빠진 독에 물붓기"로 비유한다. 즉, 알고 있어야 할 내용은 워낙 많은데 암기한 내용은 계속 잊어버리니까, 누가 빨리 밑빠진 독(두뇌)에 물(지식)을 채울 수 있는가에 따라서 당락이 갈린다는 이야기이다. 앞서 말한 바와 같이 시험일자가 가까워질수록 시간의 가치는 높아진다. 시험 직전 2일간에 걸쳐 기본3법과 선택과목을 훑어본 후, 시험 당일에 기본서를 눈에 바르고 들어가는 사람과 그렇지 못한 사람은 평균 5~6점 이상의 점수 차이를 보일 수 있다. 이 마지막 정리를 위해 수험생들은 책에 여러 가지 표시를 하면서 시험을 준비한다.

나는 책에 형광펜으로 표시를 해 가면서 공부를 하였다. 중요 학설과 판례는 두문자를 만들어서 암기했으며, 중요 내용들은 책의 여백에 기재하거나, 별도로 노트를 만들어서 요약하였다. 그렇게 여러 가지 표시를 해가면서 공부해야 내 것이 된다는 느낌이 들었고, 실제 시험에서도 무리없이 쓸 수 있었다. 반면에 어떤 수험생들은 책을 깨끗이 써야 한다고 주장하기도 한다. 책에 이것저것 표시가 되어 있으면 잘 읽히지가 않기 때문이라고 말한다. 이에 대해서는 각 개인의 취향이라고 할 수도 있다. 그러나 책에 다양한 표시를 해가면서 공부하는 것은 예전에 행정고시를 통과한 아버지로부터 전수받은 것이며, 십여년 전에 사법고시를 통과한 형도 이런 방법을 사용하여 효과를 보았다. 즉 어느 정도 검증된 방법이라는 것이다.

최종적인 판단은 독자의 취향에 맡길 일이지만, 파이널 체크를 빨리 하기 위해서는 책에 이런 저런 표시가 되어있어야 한다고 생각한다.

학원강의를 들을 경우 강의내용을 어떻게 정리해야 하는가? 어떤 사람들은 강의는 한번 듣고 이해하면 된다고 한다.

하지만 나는 1개월 정도의 간격을 두고 책을 다시 보게 되면 어떤 방법으로 내용을 이해했는지 기억이 나지 않는 경우가 허다했다. 따라서 강의내용 중에 이해에 필요한 핵심적인 도표나 내용은 기본서 또는 서브노트에 바로 정리하는 버릇을 길렀다. 이렇게 해야 나중에 보더라도 바로 이해할 수 있었기 때문이다.

기본서의 양식은 과목마다 제각각 일 수 있지만 통상 시험에 필요한 요소(기본목차)는 개념(정의, 취지 또는 필요성, 법적 성격, 구별개념), 요건, 절차, 효과, 구제수단 또는 불복방법 등이 있다. 좋은 기본서라고 할지라도 이러한 순서에 맞추지 않고 이곳 저곳에 분산되게 서술된 경우도 있다(특히 명저인 이시윤 민소법을 보면 그렇다. 반면에 문갑서원의 논술집은 대부분의 주제를 위와 같은 순서로 정리하였다.) 이 경우에는 해당 내용에 볼펜으로 목차를 기입하던지, 아니면 책을 읽어가면서 '이 내용은 요건부분에 있지만 취지를 설명하려고 서술한 것이구나'라고 선해해야 할 것이다. 앞서 말한 이미지 트레이닝을 할 경우 어떤 주제에 대해 위의 요소들을 떠올려가며 연습한다면 크게 누락하는 부분은 없을 것이다.

기본서를 정리하는 방법은 줄긋기(또는 형광펜으로 색칠하기)와 요약하기로 구별된다. 줄을 그을 때에는 우선 상원서점이나 광장서적 같은 고시서점에서 책을 구입할 때 끼워주는 부드러운 플라스틱 재질의 자를 사용하여 그어야 쉽게 그을 수 있는데, 연필을 이용하여 긋거나 볼펜 또는 형광펜을 이용하여 색깔별로 긋는 방법 등이 있다. 법학 초심자이거나 책을 처음 본다면 볼펜으로 그을 경우 지울 수가 없기 때문에 일단 연필로 표시한 다음, 어느 정도 이해가 된 이후에 색깔을 사용하는 방법이 좋다. 볼펜보다는 형광펜으로 칠하는 편이 가독성이 높다.

아무렇게나 색칠을 하면 오히려 산만하게 된다. 따라서 일정한 법칙을 정해서 칠해야 되는데, 나의 경우에는 개념적인 내용은 노란색 형광펜, 다수설 또는 자신이 타당하다고 생각하는 학설은 주황색, 소수설 또는 타당치 않다고 생각하는 학설은 분홍색, 판례중 핵심 문구는 파란색, 위의 기본목차에 포함되지 않은 별도의 목차는 녹색 등으로 표시하였다.

책 내용을 요약하는 방법은 별도의 정리노트를 만드는 방법과 기본서에 요약 기재하는 방법이 있다. 나는 올해 2차시험을 준비하면서 김형배 민법사례집을 풀면서 정리노트를 만든 적이 있는데 논리를 세워가면서 답안을 작성하는 데에 많은 도움을 주었다. 간단한 쟁점의 경우 책의 여백에 학설과 판례의 핵심적인 내용을 추려서 적으면 된다. 표를 만들어서 정리하는 것도 도움이 될 것이다. 이 때 모든 내용을 요약하라는 것은 아니며, 반드시 암기해야 될 학설들과 판례의 핵심 키워드를 기재하는 것으로 충분할 것이다.

중요 주제의 경우에는 요건이나 내용에 대해 두문자를 만들어서 암기하는 편이 좋다. 두문자는 자신이 직접 만들 수도 있지만, 학원강사 또는 친구들이 만든 것을 활용해도 된다. 평소에 두문자 암기를 게을리 할 경우 막판에 엄청난 암기소요에 힘들 수 있으니 요건과 효과 같은 것은 바로 암기하는 버릇을 갖도록 하자.

내 기본서의 경우

독자들의 이해를 위해서 내 기본서와 사례집의 일부분을 게재하도록 하겠다. 원래 악필인데다가 시간도 없었기 때문에 글씨들이 다소 너저분해 보일 수도 있는데 양해를 구한다.

한가지 짚고 넘어갈 점은, 나는 기본서와 사례집의 「모든 페이지」를 아래와 같이 정리한 것은 아니라는 점이다. 사시에는 전통적으로 출제되지 않는 부분이 있다. 이런 부분은 설령 출제된다고 해도 대다수의 수험생들이 맞추지 못하는 부분일 것이다. 따라서 생략할 부분은 과감히 생략할 필요가 있다.

즉 나는 1차시험이나 2차시험을 준비하면서 현실과 동떨어진 순전히 이론적 내용이나 현실에서는 거의 활용되지 않는 부분은 스템플러로 철해 버렸다. 독자들도 앞서 언급한 「공부요령」을 참조해서 강약을 조절해가면서 공부해야 최소의 노력으로 최대의 효과를 얻을 수 있을 것이다.

민주적 기본질서를 자유민주적 기본질서 + 사회적 민주질[서]

① 자유민주적 기본질서로 보는 학설 : 민주적 기본질서를 자유민주적 기본질서로 보는 경우에는 자유민주주의를 부정하는 정당과 사회민주주의를 찬성하지 않는 정당(자유주의적, 보수주의적 정당)이 해산대상이 되어 해산정당의 범위가 지나치게 확대되는 결과를 초래하므로 자유민주적 기본질서로 축소해석해야 한다. 독일기본법은 자유민주적 기본질서라고 명시되어 있다. [권영성, 196면, 김계환, 233면] 이러한 견해는 정당존립의 보장이라는 측면에서 타당한 이론으로 볼 수 있다.

② 자유민주적 기본질서 + 사회민주적 기본질서로 보는 학설 : 사회복지국가원리를 부정하는 정당의 존립을 보장할 이유가 없으므로 제8조 제4항의 민주적 기본질서는 자유민주적 기본질서뿐만 아니라 사회민주적 기본질서도 포함하는 것으로 보아야 한다. [김철수, 172면, 윤명선, 188면] 이러한 견해는 사회국가 원리와 사회적 기본권 보장이라는 차원에서 타당한 이론으로 볼 수 있다.

③ 제3설 : 현대의 자유민주적 기본질서에는 사회국가원리의 내용이 포함되어 있으므로 기존 학설대립의 실익이 없고 민주적 기본질서와 자유민주적 기본질서를 같은 의미로 보아야 한다는 견해[홍성방, 헌법I, 82면, 김선택, 184면, 성낙인, 163면]가 있다.

④ 헌법재판소 판례 : 헌법재판소는 정당이 자유민주적 기본질서를 부정하는 경우 헌법재판소가 그 위헌성을 확인하는 경우에 정치생활영역에서 축출될 수 있다고 하여(1999. 12. 23. 99헌마135) 헌법 제8조 제4항의 민주적 기본질서를 자유민주적 기본질서로 이해하고 있다.

⑤ 소결론 : 자유민주주의를 사회민주주의와 대립하는 것으로 해석하여 자유민주주의에서 사회국가원리를 배제하는 것은 자유민주주의를 18세기, 19세기에 한정하여 보는 것에 불과하다. 자유민주주의는 역사의 흐름에 따라 확대·발전되어 현대에 와서는 사회국가원리의 핵심적인 내용도 자유민주주의에 포함되는 것으로 해석함이 타당하다. 따라서 제8조 제4항의 민주적 기본질서를 자유민주적 기본질서로 이해하되 사회국가원리의 핵심적인 내용을 내포하는 것으로 해석함이 타당하다.

2) 민주적 기본질서 외 정당의 강제해산사유를 추가할 수 없다 : 헌법 제8조 제4항의 위헌정당강제해산조항은 정당의 존립과 활동의 보장이라는 측면에서 위헌정당해산사유를 민주적 기본질서로 한정하고 있는 것으로 해석함이 타당하다. 따라서 국회가 위헌정당해산사유를 추가하는 것은 허용되지 아니한다.

3) 헌법 제37조 제2항의 국가안전보장, 질서유지, 공공복리는 정당의 강제해산사유에 해당하지 아니한다 : 위헌정당해산사유로 헌법 제37조 제2항의 국가안전보장, 질서유지, 공공복리가 보충 적용될 수 있다면 강제해산 될 수 있는 정당의 범위가 너무 확대되어 정당 존립의 보장이라 보기는 힘들다.

(4) 민주적 기본질서에 위반될 때의 해석상 한계

헌법이 정당...

4. 헌법재판소의 위헌정당해산심판 결정의 효력

(1) 위헌정당해산심판 결정의 구속력

1) 기속력 : 헌법재판소의 위헌정당해산결정은 모든 국가기관과 지자체를 구속한다. 따라서 헌법재판소 위헌정당해산결정에 대해서는 법원에 제소할 수 없고 법원도 헌법재판소의 해산결정을 취소할 수 없다.

2) 확정력 : 헌법재판소의 위헌정당해산심판 기각결정이 있는 경우 이는 확정력이 인정되므로 정부는 동일 정당에 대하여 동일한 사유로 다시 위헌정당해산을 제소할 수 없다. 다만 사유가 다른 경우에는 제소할 수 있다.

(2) 위헌정당해산결정의 효과

1) 정당의 자동해산 : 해산선고를 받은 정당은 선고와 동시에 해산되고(헌법재판소법 제59조) 불법결사가 되어 자동해산된다. 해산시점은 해산결정의 선고시점이다. 따라서 헌법재판소의 위헌정당해산결정은 창설적 효력을 가지나 중앙선거관리위원회가 취하는 정당말소 및 공고행위는 단순한 선언적, 확인적 효력밖에 없다.

2) 정당부분조직에 대한 해산결정 : 정당에 대한 해산결정으로 정당의 부분기관과 특수조직은 당연해산된다. 정당의 일부에 대해서 해산결정을 내릴 수 있느냐에 대해 우리나라는 법규정상 명문규정이 없으나 독일헌법재판소법은 이를 명문으로 인정하고 있다.

3) 잔여재산 국고귀속 : 헌법재판소의 결정에 의하여 해산된 정당의 잔여재산은 국고에 귀속된다.

4) 대체정당의 창당금지 : 정당이 헌법재판소의 결정으로 해산된 때에는 그 정당의 대표자 및 간부는 해산된 정당의 강령 또는 기본정책과 동일하거나 유사한 것으로 정당을 창당하지 못한다.

5) 명칭사용금지 : 헌법재판소의 결정에 의하여 해산된 정당의 명칭과 같은 명칭은 정당의 명칭으로 다시 사용하지 못한다. 그러나 제38조 제1항의 규정에 의하여 등록취소된 정당의 명칭과 같은 명칭은 등록취소된 날부터 최초로 실시하는 국회의원 임기만료에 의한 국회의원선거일까지 정당의 명칭으로 사용할 수 없다.

6) 소속국회의원 의원직 상실 : 우리나라 제3공화국 헌법은 소속정당이 해산된 때 국회의원은 자격을 상실한다고 규정하고 있으나 현재 명문의 규정이 없어 학설이 대립하고 있다.

① 상실한다는 견해 : 정당 국가적 민주주의 하에서 유권자는 선거에서 후보자 개인의 인물보다 그가 소속하는 정당을 투표의 기준으로 하므로 위헌정당임을 이유로 해산된 정당에 소속하는 의원들의 자격을 유지하는 것은 정당 국가적 민주주의의 원리에도 반하고 헌법 제8...

황남기 헌법 기본서. 객관식을 대비하여 구별요소를 체크해 두었다.

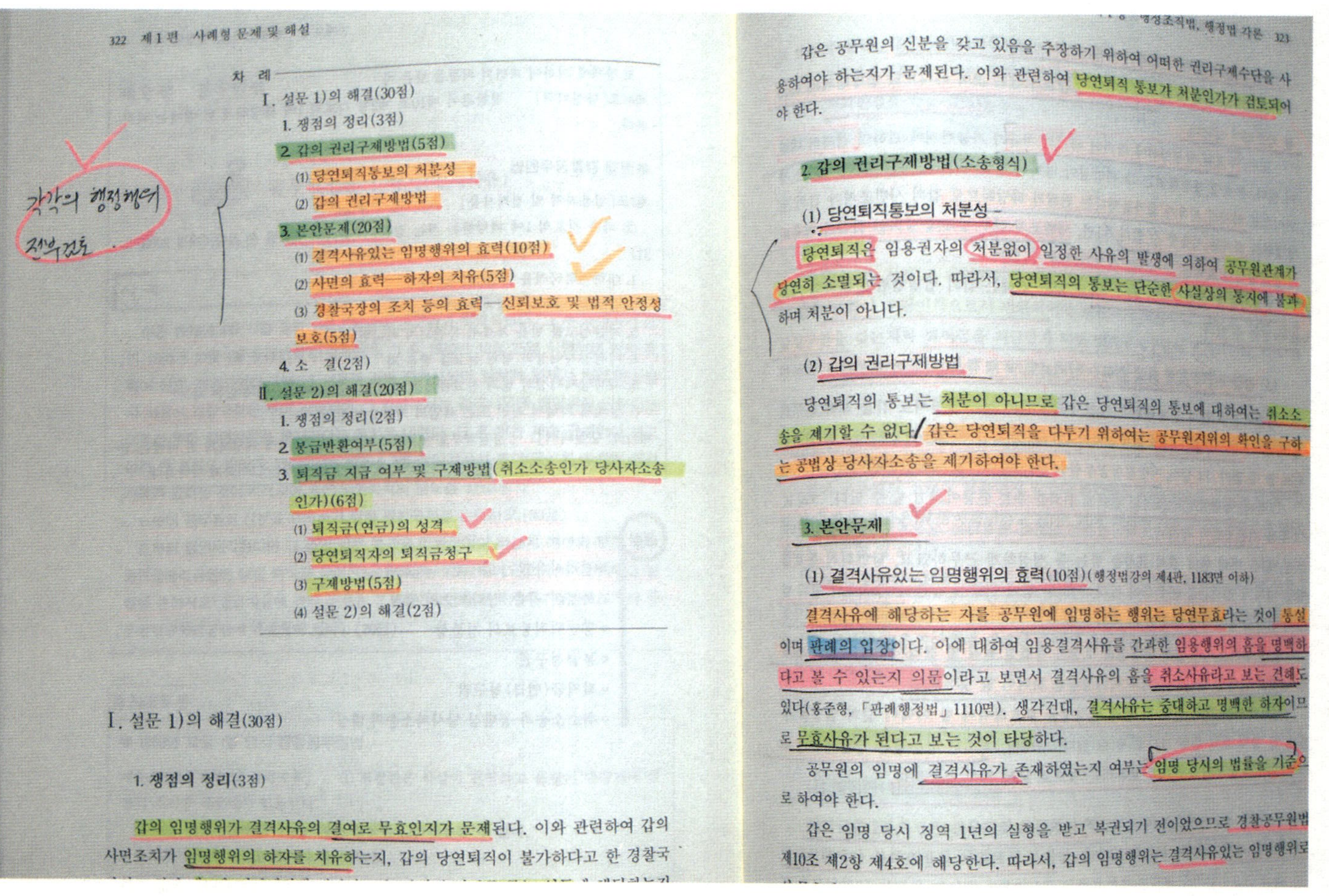

차 례

I. 설문 1)의 해결(30점)
  1. 쟁점의 정리(3점)
  2. 갑의 권리구제방법(5점)
    (1) 당연퇴직통보의 처분성
    (2) 갑의 권리구제방법
  3. 본안문제(20점)
    (1) 결격사유있는 임명행위의 효력(10점)
    (2) 사면의 효력 — 하자의 치유(5점)
    (3) 경찰국장의 조치 등의 효력—신뢰보호 및 법적 안정성 보호(5점)
  4. 소 결(2점)
II. 설문 2)의 해결(20점)
  1. 쟁점의 정리(2점)
  2. 봉급반환여부(5점)
  3. 퇴직금 지급 여부 및 구제방법(취소소송인가 당사자소송인가)(6점)
    (1) 퇴직금(연금)의 성격
    (2) 당연퇴직자의 퇴직금청구
    (3) 구제방법(5점)
    (4) 설문 2)의 해결(2점)

I. 설문 1)의 해결(30점)

1. 쟁점의 정리(3점)

갑의 임명행위가 결격사유의 결여로 무효인지가 문제된다. 이와 관련하여 갑의 사면조치가 임명행위의 하자를 치유하는지, 갑의 당연퇴직이 불가하다고 한 경찰국

갑은 공무원의 신분을 갖고 있음을 주장하기 위하여 어떠한 권리구제수단을 사용하여야 하는지가 문제된다. 이와 관련하여 당연퇴직 통보가 처분인가가 검토되어야 한다.

2. 갑의 권리구제방법(소송형식)

(1) 당연퇴직통보의 처분성 —

당연퇴직은 임용권자의 처분없이 일정한 사유의 발생에 의하여 공무원관계가 당연히 소멸되는 것이다. 따라서, 당연퇴직의 통보는 단순한 사실상의 통지에 불과하며 처분이 아니다.

(2) 갑의 권리구제방법

당연퇴직의 통보는 처분이 아니므로 갑은 당연퇴직의 통보에 대하여는 취소소송을 제기할 수 없다. 갑은 당연퇴직을 다투기 위하여는 공무원지위의 확인을 구하는 공법상 당사자소송을 제기하여야 한다.

3. 본안문제

(1) 결격사유있는 임명행위의 효력(10점)(행정법강의 제4판, 1183면 이하)

결격사유에 해당하는 자를 공무원에 임명하는 행위는 당연무효라는 것이 통설이며 판례의 입장이다. 이에 대하여 임용결격사유를 간과한 임용행위의 흠을 명백하다고 볼 수 있는지 의문이라고 보면서 결격사유의 흠을 취소사유라고 보는 견해도 있다(홍준형, 「판례행정법」 1110면). 생각건대, 결격사유는 중대하고 명백한 하자이므로 무효사유가 된다고 보는 것이 타당하다.

공무원의 임명에 결격사유가 존재하였는지 여부는 임명 당시의 법률을 기준으로 하여야 한다.

갑은 임명 당시 징역 1년의 실형을 받고 복권되기 전이었으므로 경찰공무원법 제10조 제2항 제4호에 해당한다. 따라서, 갑의 임명행위는 결격사유있는 임명행위로

박균성 행정법사례집. 행정법의 내용이 워낙 방대하고 최신 판례와 이론이 많았기에 문갑서원의 논술단문집으로 기본적인 내용을 정리하고 단문집에 나오지 않는 부분만 기본서와 사례집에 플래그로 표시해가면서 정리했다.

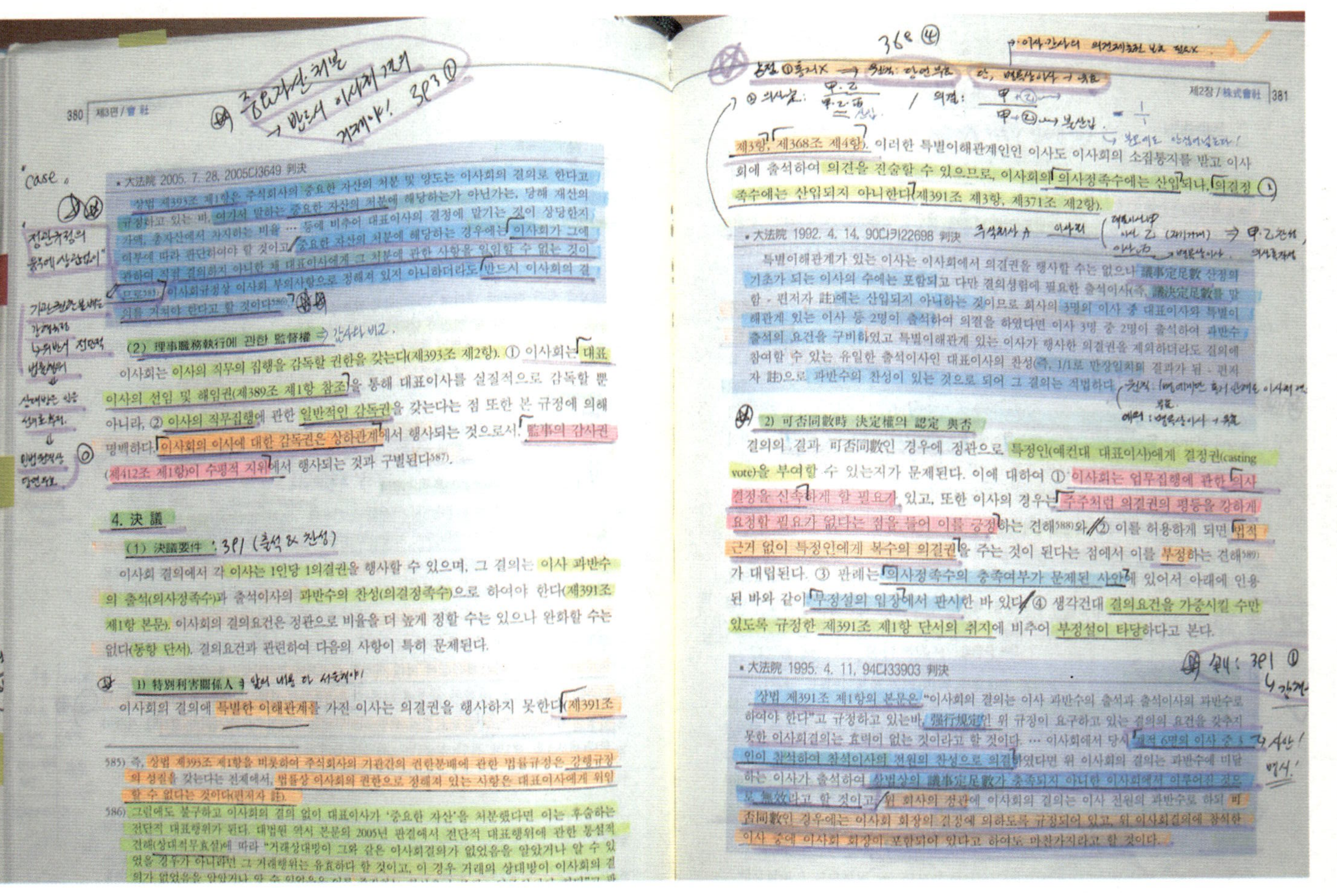

• 大法院 2005. 7. 28, 2005다3649 判決

상법 제393조 제1항은 주식회사의 중요한 자산의 처분 및 양도는 이사회의 결의로 한다고 규정하고 있는 바, 여기서 말하는 중요한 자산의 처분에 해당하는가 아닌가는, 당해 재산의 가액, 총자산에서 차지하는 비율 … 등에 비추어 대표이사의 결정에 맡기는 것이 상당한지 여부에 따라 판단하여야 할 것이고 중요한 자산의 처분에 해당하는 경우에는 이사회가 그에 관하여 직접 결의하지 아니한 채 대표이사에게 그 처분에 관한 사항을 일임할 수 없는 것이 므로, 이사회규정상 이사회 부의사항으로 정해져 있지 아니하더라도 반드시 이사회의 결의를 거쳐야 한다고 할 것이다.

(2) 理事職務執行에 관한 監督權 (제393조 제2항). ① 이사회는 이사의 직무의 집행을 감독할 권한을 갖는다(제393조 제2항). ① 이사회는 대표이사를 실질적으로 감독할 뿐 아니라, ② 이사의 전임 및 해임권(제389조 제1항 참조)을 통해 대표이사를 실질적으로 감독할 뿐 아니라, ② 이사의 직무집행에 관한 일반적인 감독권을 갖는다는 점 또한 본 규정에 의해 명백하다. 이사회의 이사에 대한 감독권은 상하관계에서 행사되는 것으로서, 監事의 감사권 (제412조 제1항)이 수평적 지위에서 행사되는 것과 구별된다.

4. 決議

(1) 決議要件 : 3P1 (출석 & 찬성)

이사회 결의에서 각 이사는 1인당 1의결권을 행사할 수 있으며, 그 결의는 이사 과반수 의 출석(의사정족수)과 출석이사의 과반수의 찬성(의결정족수)으로 하여야 한다(제391조 제1항 본문). 이사회의 결의요건은 정관으로 비율을 더 높게 정할 수는 있으나 완화할 수는 없다(동항 단서). 결의요건과 관련하여 다음의 사항이 특히 문제된다.

1) 特別利害關係人

이사회의 결의에 특별한 이해관계를 가진 이사는 의결권을 행사하지 못한다(제391조

585) 즉, 상법 제393조 제1항을 비롯하여 주식회사의 기관간의 권한분배에 관한 법률규정은 강행규정 의 성질을 갖는다는 전제에서, 법률상 이사회의 권한으로 정해져 있는 사항은 대표이사에게 위임 할 수 없다는 것이다(편저자 註).

586) 그럼에도 불구하고 이사회의 결의 없이 대표이사가 '중요한 자산'을 처분했다면 이는 후술하는 전단적 대표행위가 된다. 대법원 역시 본문의 2005년 판결에서 전단적 대표행위에 관한 통설적 견해(상대적무효설)에 따라 "거래상대방이 그와 같은 이사회결의 없음을 알았거나 알 수 있었을 경우가 아니라면 그 거래행위는 유효하다 할 것이고, 이 경우 거래의 상대방이 이사회의 결의가 없었음을 알았거나 알 …

제3항, 제368조 제4항). 이러한 특별이해관계인인 이사도 이사회의 소집통지를 받고 이사 회에 출석하여 의견을 진술할 수 있으므로, 이사회의 의사정족수에는 산입되나, 의결정 족수에는 산입되지 아니한다(제391조 제3항, 제371조 제2항).

• 大法院 1992. 4. 14, 90다카22698 判決

특별이해관계가 있는 이사는 이사회에서 의결권을 행사할 수는 없으나 議事定足數 산정의 기초가 되는 이사의 수에는 포함되고 다만 결의성립에 필요한 출석이사측, 議決定足數를 말 함 · 편저자 註에는 산입되지 아니하는 것이므로 회사의 이사 3명의 이사 중 대표이사와 특별이 해관계 있는 이사 등 2명이 출석하여 의결을 하였다면 이사 3명 중 2명이 출석하여 과반수 출석의 요건을 구비하였고 특별이해관계 있는 이사가 행사한 의결권을 제외하더라도 결의에 참여할 수 있는 유일한 출석이사인 대표이사의 찬성(즉, 1/1표 만장일치의 결과가 됨 · 편저 자 註)으로 과반수의 찬성이 있는 것으로 되어 그 결의는 적법하다.

2) 可否同數時 決定權의 認定 與否

결의의 결과 可否同數인 경우에 정관으로 특정인(예컨대 대표이사)에게 결정권(casting vote)을 부여할 수 있는지가 문제된다. 이에 대하여 ① 이사회는 업무집행에 관한 의사 결정을 신속하게 할 필요가 있고, 또한 이사의 경우는 주주처럼 의결권의 평등을 강하게 요청할 필요가 없다는 점을 들어 이를 긍정하는 견해588)와 ② 이를 허용하게 되면 법적 근거 없이 특정인에게 복수의 의결권을 주는 것이 된다는 점에서 이를 부정하는 견해589) 가 대립된다. ③ 판례는 의사정족수의 충족여부가 문제된 사안에 있어서 아래에 인용 된 바와 같이 무정설의 입장에서 판시한 바 있다. ④ 생각건대 결의요건을 가중시킬 수만 있도록 규정한 제391조 제1항 단서의 취지에 비추어 부정설이 타당하다고 본다.

• 大法院 1995. 4. 11, 94다33903 判決

상법 제391조 제1항의 본문은 "이사회의 결의는 이사 과반수의 출석과 출석이사의 과반수로 하여야 한다"고 규정하고 있는바, 强行規定인 위 규정이 요구하고 있는 결의 요건을 갖추지 못한 이사회결의는 효력이 없는 것이라고 할 것이다 … 이사회에서 당시 총 6명의 이사 중 3 인이 참석하여 참석이사의 전원의 찬성으로 의결하였다면 위 이사회의 결의는 과반수에 미달 하는 이사가 출석하여 상법상의 議事定足數가 충족되지 아니한 이사회에서 이루어진 경우 로서 無效라고 할 것이고, 위 회사의 정관에 이사회의 결의는 이사 전원의 과반수로 하되 可 否同數인 경우에는 이사회 회장의 결정에 의하도록 규정되어 있고, 위 이사회결의에 참석한 이사 중에 이사회 회장이 포함되어 있다고 하여도 마찬가지라고 할 것이다.

김혁붕 상법신강. 상법에는 공통적인 구제수단들이 여러개 있으며, 개념정립이 필요한 부분이 많다. 예를 들면, "표현지배인 또는 표현대표이사의 경우, 구제수단은 〈표, 등, 불, 추〉 등" 따위를 말한다. 이런 암 기사항들은 강의내용 정리를 통해 식별할 수 있다. 그리고 상법은 반드시 민법과도 연계해서 고민해야 고 득점할 수 있다.

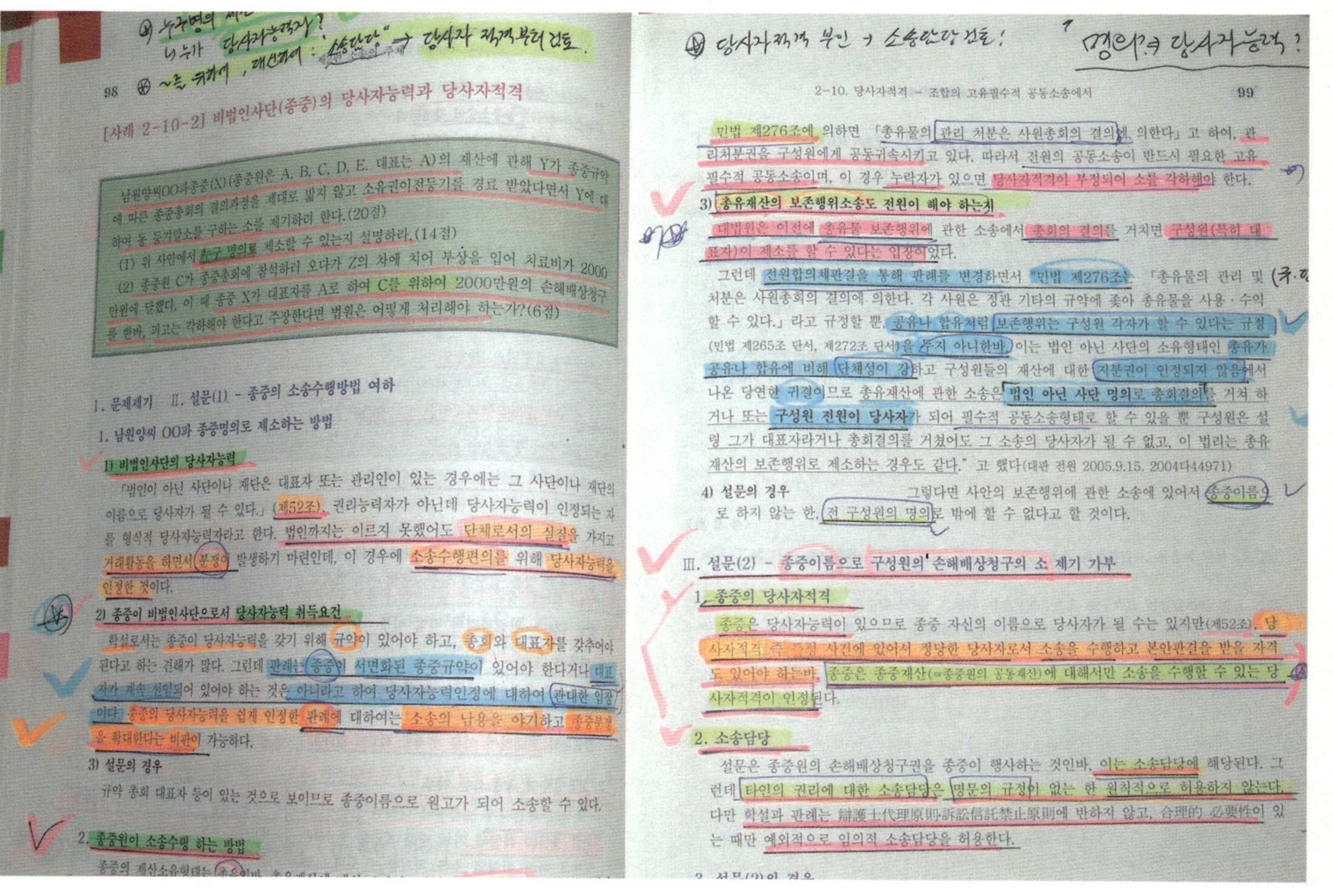

98 [사례 2-10-2] 비법인사단(종중)의 당사자능력과 당사자적격

남원양씨OO파종중(X)(종중원은 A, B, C, D, E. 대표는 A)의 재산에 관해 Y가 종중규약에 따른 종중총회의 결의과정을 제대로 밟지 않고 소유권이전등기를 경료 받았다면서 Y에 대하여 동 등기말소를 구하는 소를 제기하려 한다.(20점)
(1) 위 사안에서 누구 명의로 제소할 수 있는지 설명하라.(14점)
(2) 종중원 C가 종중총회에 참석하러 오다가 Z의 차에 치어 부상을 입어 치료비가 2000만원에 달했다. 이 때 종중 X가 대표자를 A로 하여 C를 위하여 2000만원의 손해배상청구를 한바, 피고는 각하해야 한다고 주장한다면 법원은 어떻게 처리해야 하는가?(6점)

I. 문제제기   II. 설문(1) - 종중의 소송수행방법 여하

1. 남원양씨 OO과 종중명의로 제소하는 방법
1) 비법인사단의 당사자능력
「법인이 아닌 사단이나 재단은 대표자 또는 관리인이 있는 경우에는 그 사단이나 재단의 이름으로 당사자가 될 수 있다.」(제52조). 권리능력자가 아닌데 당사자능력이 인정되는 자를 형식적 당사자능력자라고 한다. 법인까지는 이르지 못했어도 단체로서의 실질을 가지고 거래활동을 하면서 분쟁이 발생하기 마련인데, 이 경우에 소송수행편의를 위해 당사자능력을 인정한 것이다.
2) 종중이 비법인사단으로서 당사자능력 취득요건
학설로서는 종중이 당사자능력을 갖기 위해 규약이 있어야 하고, 총회와 대표자를 갖추어야 된다고 하는 견해가 많다. 그런데 판례는 종중이 서면화된 종중규약이 있어야 한다거나 대표자가 계속 선임되어 있어야 하는 것은 아니라고 하여 당사자능력인정에 대하여 관대한 입장이다. 종중의 당사자능력을 쉽게 인정한 판례에 대하여는 소송의 남용을 야기하고 종중분쟁을 확대한다는 비판이 가능하다.
3) 설문의 경우
규약 총회 대표자 등이 있는 것으로 보이므로 종중이름으로 원고가 되어 소송할 수 있다.
2. 종중원이 소송수행 하는 방법
종중의 재산소유형태는 총유인바, …

민법 제276조에 의하면 「총유물의 관리 처분은 사원총회의 결의에 의한다」고 하여, 관리처분권을 구성원에게 공동귀속시키고 있다. 따라서 전원의 공동소송이 반드시 필요한 고유필수적 공동소송이며, 이 경우 누락자가 있으면 당사자적격이 부정되어 소를 각하해야 한다.
3) 총유재산의 보존행위소송도 전원이 해야 하는지
대법원은 이전에 총유물 보존행위에 관한 소송에서 총회의 결의를 거치면 구성원(특히 대표자)이 제소를 할 수 있다는 입장이었다.
그런데 전원합의체판결을 통해 판례를 변경하면서 「민법 제276조는 「총유물의 관리 및 처분은 사원총회의 결의에 의한다. 각 사원은 정관 기타의 규약에 좇아 총유물을 사용·수익할 수 있다.」라고 규정할 뿐, 공유나 합유처럼 보존행위는 구성원 각자가 할 수 있다는 규정(민법 제265조 단서, 제272조 단서)을 두지 아니한바, 이는 법인 아닌 사단의 소유형태인 총유가 공유나 합유에 비해 단체성이 강하고 구성원들의 재산에 대한 지분권이 인정되지 않음에서 나온 당연한 귀결이므로 총유재산에 관한 소송은 법인 아닌 사단 명의로 총회결의를 거쳐 하거나 또는 구성원 전원이 당사자가 되어 필수적 공동소송형태로 할 수 있을 뿐 구성원은 설령 그가 대표자라거나 총회결의를 거쳤어도 그 소송의 당사자가 될 수 없고, 이 법리는 총유재산의 보존행위로 제소하는 경우도 같다.」고 했다(대판 전원 2005.9.15. 2004다44971).
4) 설문의 경우
그렇다면 사안의 보존행위에 관한 소송에 있어서 종중이름으로 하지 않는 한, 전 구성원의 명의로 밖에 할 수 없다고 할 것이다.

III. 설문(2) - 종중이름으로 구성원의 손해배상청구의 소 제기 가부
1. 종중의 당사자적격
종중은 당사자능력이 있으므로 종중 자신의 이름으로 당사자가 될 수는 있지만(제52조), 당사자적격 즉 특정 사건에 있어서 정당한 당사자로서 소송을 수행하고 본안판결을 받을 자격도 있어야 하는바, 종중은 종중재산(=종중원의 공동재산)에 대해서만 소송을 수행할 수 있는 당사자적격이 인정된다.
2. 소송담당
설문은 종중원의 손해배상청구권을 종중이 행사하는 것인바, 이는 소송담당에 해당된다. 그런데 타인의 권리에 대한 소송담당은 명문의 규정이 없는 한 원칙적으로 허용하지 않는다. 다만 학설과 판례는 辯護士代理原則訴訟信託禁止原則에 반하지 않고, 合理的 必要性이 있는 때만 예외적으로 임의적 소송담당을 허용한다.
2. 설문(2)의 경우

이창한 민소법사례집. 민소법 법조문을 적용하기 위해서는 각종 개념을 정확히 구별할 수 있어야 한다. 이를 위해서 요건을 꼼꼼히 암기할 필요가 있다. 수년간 이창한 민소사례집을 주력으로 공부했는데, 이시윤 민소법 책으로 만들 수 있는 어지간한 사례들은 거의 다 포함하고 있어서 쓸만했다. 책에 도표 등이 잘나와 있기 때문에 민소이해를 위한 학원강의는 따로 들을 필요는 없을 것 같다.

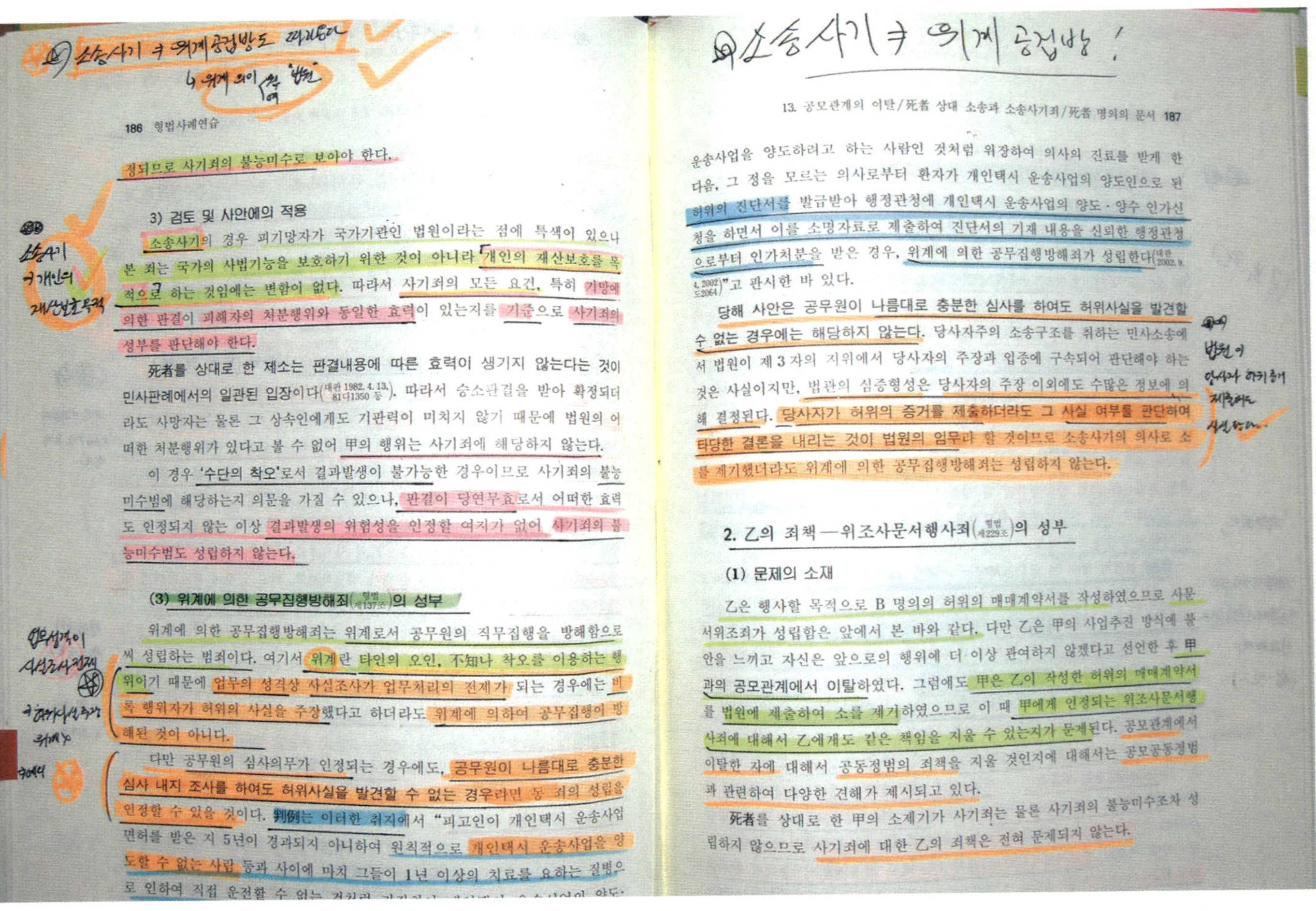

정퇴므로 사기죄의 불능미수로 보아야 한다.

3) 검토 및 사안에의 적용

소송사기의 경우 피기망자가 국가기관인 법원이라는 점에 특색이 있으나 본 죄는 국가의 사법기능을 보호하기 위한 것이 아니라 개인의 재산보호를 목적으로 하는 것임에는 변함이 없다. 따라서 사기죄의 모든 요건, 특히 기망에 의한 판결이 피해자의 처분행위와 동일한 효력이 있는지를 기준으로 사기죄의 성부를 판단해야 한다.

死者를 상대로 한 제소는 판결내용에 따른 효력이 생기지 않는다는 것이 민사판례에서의 일관된 입장이다(대판 1982. 4. 13, 81다1350 등). 따라서 승소판결을 받아 확정되더라도 사망자는 물론 그 상속인에게도 기판력이 미치지 않기 때문에 법원의 어떠한 처분행위가 있다고 볼 수 없어 甲의 행위는 사기죄에 해당하지 않는다.

이 경우 '수단의 착오'로서 결과발생이 불가능한 경우이므로 사기죄의 불능미수범에 해당하는지 의문을 가질 수 있으나, 판결이 당연무효로서 어떠한 효력도 인정되지 않는 이상 결과발생의 위험성을 인정할 여지가 없어 사기죄의 불능미수범도 성립하지 않는다.

(3) 위계에 의한 공무집행방해죄(형법 제137조)의 성부

위계에 의한 공무집행방해죄는 위계로서 공무원의 직무집행을 방해함으로써 성립하는 범죄이다. 여기서 위계란 타인의 오인, 不知나 착오를 이용하는 행위이기 때문에 업무의 성격상 사실조사가 업무처리의 전제가 되는 경우에는 비록 행위자가 허위의 사실을 주장했다고 하더라도 위계에 의하여 공무집행이 방해된 것이 아니다.

다만 공무원의 심사의무가 인정되는 경우에도, 공무원이 나름대로 충분한 심사 내지 조사를 하여도 허위사실을 발견할 수 없는 경우라면 동 죄의 성립을 인정할 수 있을 것이다. 判例는 이러한 취지에서 "피고인이 개인택시 운송사업 면허를 받은 지 5년이 경과되지 아니하여 원칙적으로 개인택시 운송사업을 양도할 수 없는 사람 등과 사이에 마치 그들이 1년 이상의 치료를 요하는 질병으로 인하여 직접 운전할 수 없는 것처럼

운송사업을 양도하려고 하는 사람인 것처럼 위장하여 의사의 진료를 받게 한 다음, 그 정을 모르는 의사로부터 환자가 개인택시 운송사업의 양도인으로 된 허위의 진단서를 발급받아 행정관청에 개인택시 운송사업의 양도·양수 인가신청을 하면서 이를 소명자료로 제출하여 진단서의 기재 내용을 신뢰한 행정관청으로부터 인가처분을 받은 경우, 위계에 의한 공무집행방해죄가 성립한다(대판 2002. 9. 4, 2002도2064)"고 판시한 바 있다.

당해 사안은 공무원이 나름대로 충분한 심사를 하여도 허위사실을 발견할 수 없는 경우에는 해당하지 않는다. 당사자주의 소송구조를 취하는 민사소송에서 법원이 제3자의 지위에서 당사자의 주장과 입증에 구속되어 판단해야 하는 것은 사실이지만, 법관의 심증형성은 당사자의 주장 이외에도 수많은 정보에 의해 결정된다. 당사자가 허위의 증거를 제출하더라도 그 사실 여부를 판단하여 타당한 결론을 내리는 것이 법원의 임무라 할 것이므로 소송사기의 의사로 소를 제기했더라도 위계에 의한 공무집행방해죄는 성립하지 않는다.

2. 乙의 죄책 — 위조사문서행사죄(형법 제229조)의 성부

(1) 문제의 소재

乙은 행사할 목적으로 B 명의의 허위의 매매계약서를 작성하였으므로 사문서위조죄가 성립함은 앞에서 본 바와 같다. 다만 乙은 甲의 사업추진 방식에 불안을 느끼고 자신은 앞으로의 행위에 더 이상 관여하지 않겠다고 선언한 후 甲과의 공모관계에서 이탈하였다. 그럼에도 甲은 乙이 작성한 허위의 매매계약서를 법원에 제출하여 소를 제기하였으므로 이 때 甲에게 인정되는 위조사문서행사죄에 대해서 乙에게도 같은 책임을 지울 수 있는지가 문제된다. 공모관계에서 이탈한 자에 대해서 공동정범의 죄책을 지울 것인지에 대해서는 공모공동정범과 관련하여 다양한 견해가 제시되고 있다.

死者를 상대로 한 甲의 소제기가 사기죄는 물론 사기죄의 불능미수조차 성립하지 않으므로 사기죄에 대한 乙의 죄책은 전혀 문제되지 않는다.

형법은 사례해결의 스킬을 잘 연마해야 한다. 기본서의 내용을 꿰고 있다고 하더라도 첫단추, 즉 정범·종범의 행위구별과 주관적 구성요건 판단을 잘못하면 논의의 전개가 이상하게 흐를 수 있다. 이런 기술능력을 기르기 위해서는 사례집을 많이 해결해 보고, 교수님들의 해법을 따라가 보는 식으로 정리하는 것도 필요하다. 나는 사례집의 경우에도 필요하다면 풀이방법의 논리전개를 암기하려고 노력했다. (참고로, 전문가들은 이렇게 해법을 암기하는 것은 좋은 방법이 아니라고 한다.)

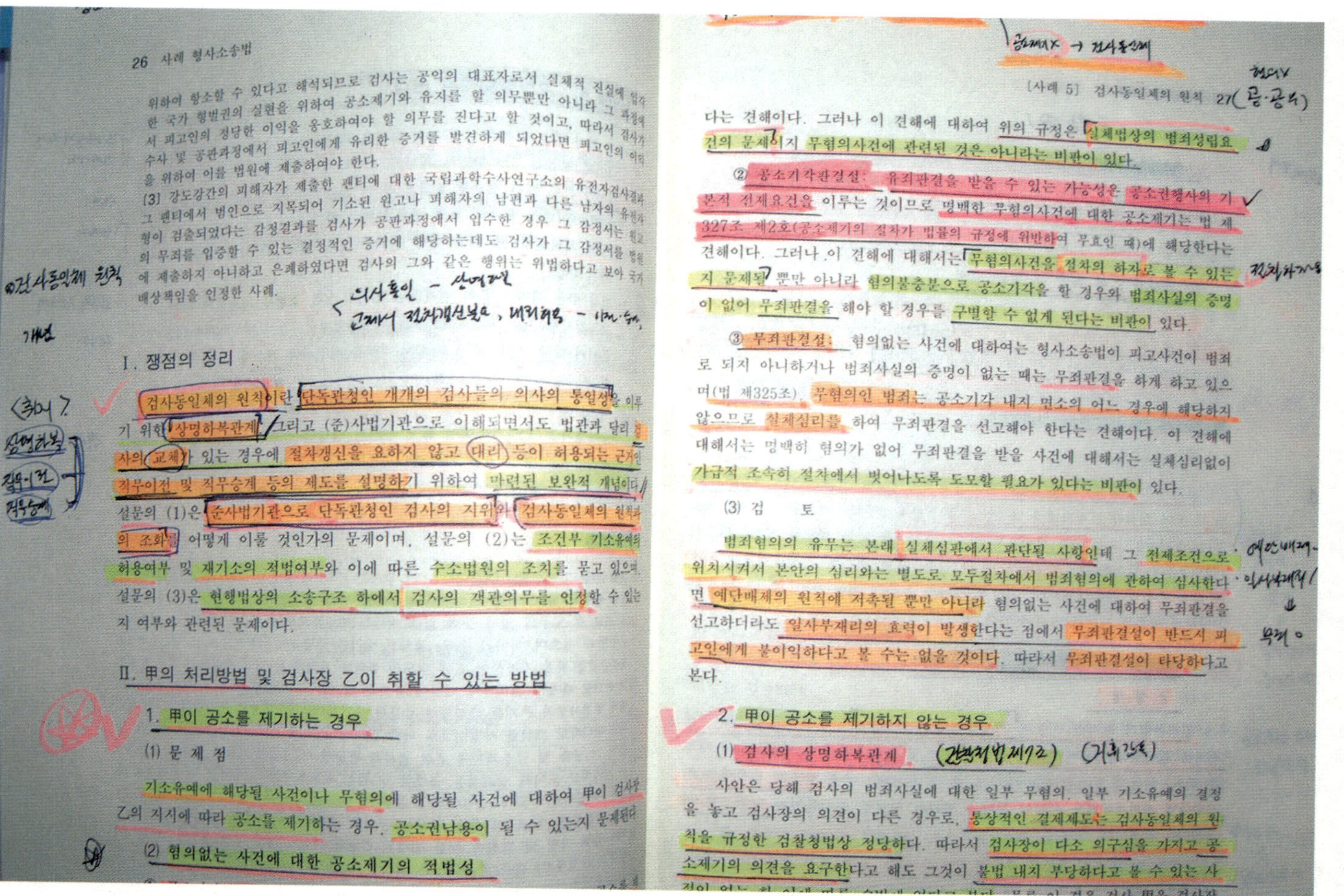

위하여 항소할 수 있다고 해석되므로 검사는 공익의 대표자로서 실체적 진실에 입각
한 국가 형벌권의 실현을 위하여 공소제기와 유지를 할 의무뿐만 아니라 그 과정에
서 피고인의 정당한 이익을 옹호하여야 할 의무를 진다고 한 것이고, 따라서 검사가
수사 및 공판과정에서 피고인에게 유리한 증거를 발견하게 되었다면 피고인의 이익
을 위하여 이를 법원에 제출하여야 한다.
[3] 강도강간의 피해자가 제출한 팬티에 대한 국립과학수사연구소의 유전자검사결과
그 팬티에서 범인으로 지목되어 기소된 원고나 피해자의 남편과 다른 남자의 유전자
형이 검출되었다는 감정결과를 검사가 공판과정에서 입수한 경우 그 감정서는 원고
의 무죄를 입증할 수 있는 결정적인 증거에 해당하는데도 검사가 그 감정서를 법원
에 제출하지 아니하고 은폐하였다면 검사의 그와 같은 행위는 위법하다고 보아 국가
배상책임을 인정한 사례.

I. 쟁점의 정리

검사동일체의 원칙이란 단독관청인 개개의 검사들의 의사의 통일성을 이루
기 위한 상명하복관계 그리고 (준)사법기관으로 이해되면서도 법관과 달리
사의 교체가 있는 경우에 절차갱신을 요하지 않고 대리 등이 허용되는 근거인
직무이전 및 직무승계 등의 제도를 설명하기 위하여 마련된 보완적 개념이다.
설문의 (1)은 준사법기관으로 단독관청인 검사의 지위와 검사동일체의 원칙과
의 조화를 어떻게 이룰 것인가의 문제이며, 설문의 (2)는 조건부 기소유예의
허용여부 및 재기소의 적법여부와 이에 따른 수소법원의 조치를 묻고 있으며
설문의 (3)은 현행법상의 소송구조 하에서 검사의 객관의무를 인정할 수 있는
지 여부와 관련된 문제이다.

II. 甲의 처리방법 및 검사장 乙이 취할 수 있는 방법

1. 甲이 공소를 제기하는 경우

(1) 문제 점

기소유예에 해당될 사건이나 무혐의에 해당될 사건에 대하여 甲이 검사장
乙의 지시에 따라 공소를 제기하는 경우. 공소권남용이 될 수 있는지 문제된다

(2) 혐의없는 사건에 대한 공소제기의 적법성

다는 견해이다. 그러나 이 견해에 대하여 위의 규정은 실체법상의 범죄성립요
건의 문제이지 무혐의사건에 관련된 것은 아니라는 비판이 있다.
② 공소기각판결설: 유죄판결을 받을 수 있는 가능성은 공소권행사의 기
본적 전제요건을 이루는 것이므로 명백한 무혐의사건에 대한 공소제기는 법 제
327조 제2호(공소제기의 절차가 법률의 규정에 위반하여 무효인 때)에 해당한다는
견해이다. 그러나 이 견해에 대해서는 무혐의사건을 절차의 하자로 볼 수 있는
지 문제될 뿐만 아니라 혐의불충분으로 공소기각을 할 경우와 범죄사실의 증명
이 없어 무죄판결을 해야 할 경우를 구별할 수 없게 된다는 비판이 있다.
③ 무죄판결설: 혐의없는 사건에 대하여는 형사소송법이 피고사건이 범죄
로 되지 아니하거나 범죄사실의 증명이 없는 때는 무죄판결을 하게 하고 있으
며(법 제325조), 무혐의인 범죄는 공소기각 내지 면소의 어느 경우에 해당하지
않으므로 실체심리를 하여 무죄판결을 선고해야 한다는 견해이다. 이 견해에
대해서는 명백히 혐의가 없어 무죄판결을 받을 사건에 대해서는 실체심리없이
가급적 조속히 절차에서 벗어나도록 도모할 필요가 있다는 비판이 있다.

(3) 검 토

범죄혐의의 유무는 본래 실체심판에서 판단될 사항인데 그 전제조건으로
위치시켜서 본안의 심리와는 별도로 모두절차에서 범죄혐의에 관하여 심사한다
면 예단배제의 원칙에 저촉될 뿐만 아니라 혐의없는 사건에 대하여 무죄판결을
선고하더라도 일사부재리의 효력이 발생한다는 점에서 무죄판결설이 반드시 피
고인에게 불이익하다고 볼 수는 없을 것이다. 따라서 무죄판결설이 타당하다고
본다.

2. 甲이 공소를 제기하지 않는 경우

(1) 검사의 상명하복관계

사안은 당해 검사의 범죄사실에 대한 일부 무혐의, 일부 기소유예의 결정
을 놓고 검사장의 의견이 다른 경우로, 통상적인 결제제도는 검사동일체의 원
칙을 규정한 검찰청법상 정당하다. 따라서 검사장이 다소 의구심을 가지고 공
소제기의 의견을 요구한다고 해도 그것이 불법 내지 부당하다고 볼 수 있는 사

정웅석 백승민 형소법. 형소법은 최근 몇 년동안 최신 쟁점들이 출제되고 있다. 사회에 법치주의가 뿌리내리고 있는 시점에서 법령과 법원도 피의자 및 피고인의 인권을 존중하는 방향으로 계속 발전해나가고 있기 때문인 듯싶다. 따라서 나는 문갑서원 논술단문집에 추가해서 올해 나온 사례집을 풀어보고 암기했는데, 결과가 괜찮은 것 같았다. 최근에는 검찰 내부에서 이슈가 되었던 시사적인 부분도 많이 출제된다. 참고하기 바란다.

가 없으나 … 양자의 구성요건 해당사실 즉 주요사실은 서로 다르다고 볼 수밖에 없다. 그러므로 유권대리에 관한 주장 가운데 무권대리에 속하는 표현대리의 주장이 포함되어 있다고 볼 수 없으며, 따라서 표현대리에 관한 주장이 없는 한 법원은 나아가 표현대리의 성립 여부를 심리판단할 필요가 없다"고 하여, 비포함설을 따랐다.

3) 나아가 대판 1984.7.24, 83다카1819는 "당사자가 표현대리를 주장함에는 무권대리인과 표현대리에 해당하는 무권대리행위를 특정하여 주장하여야 한다 할 것이고 따라서 당사자의 표현대리의 항변은 특정된 무권대리인의 행위에만 미치고 그 밖의 무권대리인이나 무권대리행위에는 미치지 아니한다"고 하여, 무권대리인의 특정된 행위를 주장하여야 한다는 점을 분명히 하였다.

4) 표현대리는 상대방이 주장한 경우에 비로소 문제로 되는 것이지, 그 요건을 충족한다고 하여 상대방의 주장이 없음에도 당연히 그 효과가 생기는 것은 아니다(주석). //따라서 본인이 표현대리를 주장하는 것은 불가능하지만(주석), 추인에 의하여 동일한 효과를 얻을 수 있다.

[2-318a]

(3) 一般的 效果

1) 표현대리의 효과에 관하여, 제125조와 제126조는 "책임이 있다"고 하는 반면, 제129조는 "제3자에게 대항하지 못한다"고 규정하고 있으나, 두 표현 사이에 차이는 없다(주석). 즉 어느 경우에나 본인과 상대방 사이에 처음부터 대리권이 있은 경우에서와 마찬가지의 결과가 발생한다.

2) 표현대리가 성립하는 경우에 상대방에게 과실이 있다면 이를 참작할 수 있는가, 다시 말하면 過失相計의 法理를 유추적용할 수 있는가 하는 것이 문제된다. 그런데 과실상계는 본래 채무불이행 또는 불법행위로 인한 손해배상책임에 대하여 인정되는 것이고, 채무내용에 따른 본래의 급부의 이행을 구하는 경우에 적용될 것이 아니다(대판 1996.5.10, 96다48). 따라서 표현대리가 성립하여 본인이 이행책임을 부담하는 경우에, 상대방에게 과실이 있더라도, 과실상계의 법리를 적용할 수 없다(대판 1996.7.12, 95다49554, 14-22).

3) 표현대리가 성립함에 따라 본인에게 손해가 발생하였다면, 본인은 기초적 내부관계에 기한 의무위반 또는 불법행위를 이유로 대리행위를 한 자에게 손해배상을 청구할 수 있다(주석).

[2-319]

(라) 關聯問題들

(1) 使 者

使者(주석)가 원권을 하여 대리인으로서 행동하거나 본인의 지시를 위반하여 지시받지 않은 사항을 (사자로서) 전달한 경우에, 표현대리규정(주석)이 적용 내지 유추적용될 수 있는가에 관하여, 이를 부정하는 견해도 없지 않으나, 긍정설이 다수설이다(강의, 주석). 판례도 같은 입장이다(대판).

---

(2) 어음行爲와 表見代理

1) 어음행위가 대리에 친한 행위라는 점에 대하여 의문이 없을 뿐만 아니라 어음행위의 書面性·文言性 때문에 그 형식 또는 외관이 다른 법률행위에서보다 존중되어야 하므로, 거래안전의 보호를 목적으로 하는 표현대리규정이 어음행위에 적용되는 것은 당연하다고 할 것이다(대판 1999.1.29, 98다2470).

2) 어음행위의 표현대리는, 원래 대리인을 자칭하는 자가 대리인으로서 기명날인한 경우에 성립한다. 그러나 판례(대판 2000.3.23, 99다50385)는 이른바 署名代理의 경우에도 표현대리의 성립을 인정하여 왔다.

3) 표현대리에 관한 규정에서 제3자란 일반적으로 무권대리행위의 직접상대방에 한한다고 해석되는데(대판 1999.12.24, 99다13201), 어음행위의 경우에도 같은 해석론이 적용되어야 하는가 아니면 어음의 제3취득자를 포함하는가에 대하여 다툼이 있다. 이에 관하여, 제3자를 표현대리행위인 어음행위의 직접상대방으로 한정하는 制限說과 제3자의 범위를 확장하여 어음의 제3취득자도 제3자의 범위에 포함시키는 擴張說이 대립하는바, 통설은, 어음이란 전전유통되는 것을 예정하여 발행되는 것이기 때문에, 어음의 유통을 보호하고 거래의 안전을 도모하기 위하여 어음행위의 직접상대방 외의 제3자를 포함시킬 필요가 있음을 이유로 확장설을 취한다. 그러나 판례는 制限說을 따르고 있다(대판 2002.12.10, 2001다58443).

[2-319b]

(3) 動産의 善意取得과 表見代理

통설(강의, 곽윤직)은, 선의취득의 요건인 "善意"는 양도인의 무권리에 대한 선의일 뿐 양도행위의 하자에 관한 선의가 아니고 //따라서 대리인이 본인 소유가 아닌 동산을 처분하였는데 취득자가 본인의 소유물로 오신하였다면 선의취득이 성립하는 반면, 물건이 본인의 소유에 속하지만 대리인이 무권대리인인 경우에는 대리권이 있다고 오신하였더라도 선의취득의 보호를 받지 못하고, 표현대리의 成否만이 문제된다고 한다.

(4) 使用者責任과 表見代理

1) 표현대리는 법률행위에 대하여 인정되는 것인 반면, 使用者責任은 불법행위의 영역에 속한다. 이처럼 형식적으로 비교하면 요건과 효과의 양면에서 서로 다름에도 불구하고, 양 제도는 그 적용요건이 완화되면서 교착의 문제를 생기게 하고 있다(주석).

2) 교착의 문제가 생기는 경우 중에서 표현대리의 요건만이 충족되는 경우나 표현대리와 불법행위책임 양자의 요건을 모두 충족하는 경우 등에서는, 표현대리에 의하여 구제가 가능하므로 구태여 불법행위책임과의 경합을 생각할 필요가 없을 것이다. 그러...

지원림 민법강의. 책 여백에 두문자를 써 놓고서 주요 개념들에 대한 구별방법을 암기 및 리마인드 해 나가는 방식으로 정리했다.

기본서 암기방법

시험직전에 기본서 내용을 전부 훑어봐야 시험을 잘 볼 수 있음은 앞서 언급하였다. 기본서를 빨리 보기 위해서는 내용에 대한 이해와 암기가 뒷받침되어야 한다. 내용을 이해한다함은 교재의 내용에 대한 실생활의 사례를 연상하면서 실제 내용이 적용될 수 있는 법률관계의 실체를 파악하는 것이다.

기본서의 내용을 암기할 때에 막연하게 추상적으로 외우려고만 하지 말고 실생활에서 벌어지는 일들을 연상해가면서 기억하거나, 특정 학설을 주장하는 학자의 일관된(또는 그 학자의 이론과 조화 될 수 없는 예외적인) 태도를 다른 학자들과 구별해가면서 기억하는 것이 필요하다.

간단한 예를 들어 설명하겠다. 여러분이 지금 민법 기본서의 「임대인의 허락이 없는 임차권 양도 및 전대의 제한과 임대인의 해지권(민법 제629조) 부분」을 본다고 가정해보자.

『실생활에서는 소액의 보증금을 걸어두고 임대차계약을 맺는 경우가 빈번한데, 임차인이 차임 연체액이 2기분에 달해서 임대인이 해지권(제640조)을 행사한다고 해도 임대인에게 손해인 경우가 많다. 왜냐하면 임차인으로부터 임대목적물의 점유를 회복하는 데에는 많은 시간과 노력이 필요하기 때문이다.(판결 및 강제집행절차 등이 필요) 이렇듯 임대인과 임차인과의 관계에는 상호 채무이행에 대한 신뢰가 어느정도 필요하게 되며, 신의칙이 개입할 여지가 크다. 또한 새로운 임차인 및 전차인이 불을 내서 임대목적물을 태워먹었는데, 그 자가 무자력인 경우에는 임대인으로서는 막대한 손해를 입게 된다. 그러므로 이런 경우에 임대인은 임차인에게 "이제 내 집에서 나가달라"고 요구할 권리가 있는 것이다.』 이런 방법으로 하나의 스토리를 연상하고 구체화하여 해당 조문이나 판례를 이해하고 기억하려 한다면 단순히 외우려고 하는 것보다 효과가 좋을 것이다.

　기본서를 볼 때에는 일단 큰 목차를 훑어보고 연습장에 한 번 써봐서 어떤 내용들이 있는지 확인한 후, 세부적인 내용에 대한 이해와 암기를 거치고, 다시 전체 목차를 살펴보는 순으로 공부해야 한다. 즉, 숲→나무→숲 순서로 공부한다. 왜냐하면 세부적인 내용도 중요하지만, 현재 문제되고 있는 사안이 어느 부분에 해당되는지, 즉 문제되는 법률관계에 어떤 법조문을 적용할 것인지 정확한 주소를 찾는 것이 더욱 중요하기 때문이다. 대부분의 법률문제들은 각칙과 총칙(또는 특별법과 기본법)이 동시에 문제되고, 각칙도 각 편 또는 여러 법률이 동시에 문제되는 경우가 많으므로 시야를 넓혀서 공부해야 한다.

학원강의 수강

근래에는 시험의 종류를 불문하고 학원강의가 일반화되어 있다. 좋은 학원강의는 실제 예를 풍부히 제시하여 수강생의 이해를 돕고, 방대한 분량 중에 시험에 나올만한 중요한 부분만을 추려준다. 혼자 공부할 경우에는 이런 것들이 제한되기 때문에, 초심자라면 막바로 독학에 들어갈 것이 아니라 학원강의를 들으면서 핵심내용을 파악하는 편이 시간절약 측면에서 대단히 유리할 것이다.

그런데 학원강의 수강이 합격을 위해서 거의 필수적이라고 해도 모든 강의를 학원에 "직접" 가서 들을 필요는 없다. 인터넷으로 수강하면 2배속으로도 들을 수 있기 때문에 시간도 절약되고 불필요한 체력 낭비도 막을 수 있다. 학원에 가서 불편한 의자에 앉아 매순간 집중하다보면 정작 중요한 암기와 정리를 못할 정도로 지치는 경우도 있다. 따라서 강의는 편한 장소에서 듣는 편이 좋다. 녹음 테잎보다는 현장감 있고 반복 시청이 가능한 인터넷 강의를 추천한다.

진도별 모의고사나 전범위 모의고사 등도 학원에서 시험보는 것보다는 혼자 풀어보는 편이 괜찮다. 단 2차시험을 위한 모의고사는 학원에 가는 것이 훨씬 좋을 것이다.

　학원강사는 인터넷 여론뿐만 아니라 실제 강의를 들어본 수
험생의 의견을 듣고 선택하는 편이 안전하다. 인터넷 게시판
에는 익명성을 이용하여 특정 강사를 홍보하거나 비난하는 등
의 역정보를 흘리는 경우가 많다. 일반적인 강사 선택요건으
로는 ① 변호사 또는 법학박사(과정) ② 수년간 인기강사 ③
인터넷에 샘플 강의 수회분을 올려놓은 강사 ④ 수업시간에
잡담을 안 하고 수업에 집중하는 강사 등이 있다. 위의 요건들
을 가장 잘 충족하는 강사를 선택하면 어떤 강사이든 크게 손
해보지는 않을 것이다.

민법을 잘해야 나머지를 잘한다

사시 또는 기타 법률과목 공부를 처음 시작하는 사람들은 어느 과목부터 공부할 지 고민일 것이다. 대다수의 수험생들이 그러하듯이 민법공부부터 시작해야 하며, 민법을 잘 할 수 있도록 노력해야 한다.

민법은 모든 법률에 공통적으로 적용되는 법기술적 내용들을 다수 포함하고 있다. 민법 총칙에 규정된 내용들은 행정법과 상법 등 다른 법률에도 공통적으로 적용되는 경우가 많이 있어서 다른 법의 특정 개념을 이해할 때에 중요한 기초가 된다. 또 민법을 잘 모른다면 민사소송법을 이해하는 데에는 큰 어려움을 겪을 것이다.

민법의 법률관계를 정확히 이해할 능력을 갖추는 것은 다른 법의 법률문제를 해결하는 데에도 기초가 된다. 이 경우 활자화된 내용을 추상적으로 이해하려고 해서는 안 되며, 머릿속으로 갑, 을, 병을 그려놓고 서로 권리와 의무가 교차되는 내용을 알 수 있어야 한다.

사시 2차시험에서 민법은 다른 법과 달리 배점이 150점이나 된다. 민법을 남들보다 잘하면 1.5배의 이득을 얻는 것이고, 민법이 약하다면 그 반대가 되는 것이다.

민법은 공부해야 할 양적 측면에서도 헌법이나 형법에 비해 거의 2배 수준에 이른다. 또, 판례에 대해서도 실생활의 적용례를 알 수 있을 정도로 깊이 있는 이해가 필요하다.

이처럼 민법은 다른 법을 이해하는 데에 기초가 되고, 배점도 높으며, 공부할 양도 많다. 민법을 잘하기 위해서는 구체적인 적용례(앞의 내용을 참조)를 연상해 가면서 공부를 해야 하며, 1차시험을 준비한다고 하더라도 사례집 한권쯤은 풀어봐야 할 것이다. 2차시험 준비기간 중에는 별도로 수일간 민법사례집을 풀어볼 시간을 마련하기란 쉽지 않다. 따라서 매일 일정 시간을 정해서 사례를 1문제씩 풀고, 나중에 잠깐 보더라도 리마인드가 가능한 정도로만 공책 등에 정리해 둔다면 2차시험을 보는데 매우 큰 도움이 될 것이다.

1·2차 시험을 막론하고 좋은 민법점수를 받기 위해서는 - 다른 법률과목의 경우에도 마찬가지이지만 - 민법의 내용을 통달해서 넓은 시각으로 문제를 바라볼 수 있는 능력을 갖추어야 한다. 부여된 지문에서 총칙과 물권법, 채권법, 가족법의 법적 문제들을 모두 검토해 볼 수 있는 능력이 필요하며, 각 법조문들 사이의 관계도 이해하고 있어야 한다. 이를 위해서는 책을 볼 때에 「숲→나무→숲」의 순서로 공부해야 한다.

객관식 시험에서 높은 점수를 받는 방법

앞서 언급한 것처럼 객관식 문제는 기본적으로 각 지문에 대해 ○×를 판단하는 문제이다. 문제를 해결할 때에는 각 지문별로 "객관적"으로 옳은지 그른지 표시해야 한다. 대부분의 문제유형은 "다음중 옳은 것은?", "다음중 옳지 않은 것은?" 등 두가지 유형이기 때문에 문제(옳은 것, 틀린 것)와 연관하여 ○×를 표시한다면 나중에 검토할 때에 시간이 부족하여 헷갈리게 될 염려가 있다.

정답을 잘 모를 경우 처음에 정답일 것이라 생각한 지문이 정답일 확률이 경험상 높다. 왜냐하면 우리의 뇌가 그 지문을 처음 본 순간에 지금까지 봐왔던 것과 다르다고 말해줬기 때문이다.(정답을 분명히 알게 된 경우에는 우리 두뇌가 다시 판단을 한 것이기에 그에 따르는 편이 정당하다) 잘 모르는 경우 정답 선택에 오랜 시간을 지체해서는 안된다. 일단은 체크 표시를 하고 넘어가고 다른 문제부터 푼 뒤에 다시 돌아와서 해당 문제를 다시 검토하는 편이 낫다. 다른 문제를 풀고 있을 때에도 두뇌조직은 계속 답을 찾아가기에 그 쪽에 희망을 거는 것이다.

최근 1차시험은 8지선다형 문제를 풀어야 하고, 그것도 지문이 굉장히 긴 경우가 대부분이기 때문에 시간 내에 모든 문제를 풀기 위해서는 평소부터 문서를 빠르고 정확하게 읽는 훈련이 되어 있어야 한다. 이는 비슷한 유형의 객관식 문제를 많이 풀어봐야 가능하다. 어떤 사람들은 이러한 종류의 시험이 나이어린 사람들에게 무조건 유리하다고 하는데, 연습을 한다면 누구나 나이에 상관없이 충분히 적응할 수 있다고 본다.

수험준비는 마라톤이지만, 1차시험 당일에는 100m 달리기 수준의 빠른 두뇌회전이 필요하다. 왜냐하면 현재 시험추세가 형식은 객관식 문제이나 내용은 사례형 문제를 짧은 시간 내에 해결할 수 있는 능력을 요구하기 때문이다. 따라서 시험 당일에는 최고의 컨디션으로 시험을 보는 것도 중요하다.

판례가 기억이 난다면 별 문제가 되지 않겠지만, 그렇지 못한 경우도 있을 것이다. 이에 대비하기 위해서는 판례를 이해할 때에 법률관계를 고려하면서 조문이 적용되는 모습을 세밀하게 분석하는 습관을 들여야 한다. 그렇게 함으로써 모르는 문제가 나왔을 경우에도 조문이라든지 유사 판례를 응용하여 해결할 수 있다. 즉 민법의 경우 갑, 을간의 2자 관계 또는 갑, 을, 병간의 3자 관계에서 갑이 을에 대해 가지는 권리와 을이 갑에 대해 갖는 권리가 교차하는 모습을 조문을 떠올리며 실제 연습장에 그려가면서 공부해야 된다는 것이다.(이러한 방법에 대해서는 학원의 강의 서브노트를 참조하라.) 형법의 경우에는 각 행위별 구성요건 해당성과 위법성, 책임 등을 바로 판단할 수 있는 능력과 각 학설별 결론에 대한 이해를 요구한다. 헌법의 경우는 헌법재판소 결정 위주로 기본서의 이론적인 내용을 숙지하고 있어야 한다.

최근 시험경향에 대비하기 위하여 사례집을 풀어보는 것도 한 방법이 될 것이다. 그런데 1차생들이 사례형 문제를 해결하기 위해 기본3법의 사례집을 전부 붙들고 있기에는 시간적 여유가 부족할 것이다. 이에 대한 해결방안으로 갑, 을, 병 등 등장인물간의 법률관계에 대해 그림을 그려보고 목차만 간단히 잡아보거나, 아니면 기본서에서 제시하는 사례 정도만을 풀어보는 방법이 있다. 1차시험에서 요구하는 사례형 문제의 해결능력은 주로 「특정 사건에 어느 법률조항이 적용되며, 그 요건과 절차를 구비하였고 효과는 어떠한가?」 정도의 수준이다.

진도별 모의고사와 전범위 모의고사는 어떻게 복습해야 하는가? 틀린 문제나 잘 모르는 문제를 표시하거나 오답노트를 별도로 준비하여 그 부분만 복습하는 것이 현명하다. 정답을 정확히 맞춘 문제는 동일한 내용이 기본서 또는 판례집에 나와 있거나, 머릿속에 정리되어 있는 내용이기 때문에 별도로 복습할 필요가 없다. 경험상 한번 틀린 문제는 또 틀리기 쉽다. 틀린 부분은 기본서 내용을 확인하여 정확히 이해하고 넘어가야 한다.

어떤 수험생들은 객관식 문제집만 달달 외우는 것으로 시험준비를 하는 경우가 있다. 그런 방법은 정말로 최악의 선택이다. 왜냐하면 사시 1차시험에서 특정 객관식 문제집에 나온 지문이 동일하게(비록 일부 학원강사들은 100% 적중이라고 말하고 있지만, 수만개의 지문을 써놓고 그렇게 말하는 것이 과

연 온당한 일인지 의문이다) 나올 수 있는 확률은 매우 희박하
며, 그런 식으로 논리적 체계 없이 단순 암기식으로 공부한다
면 정작 중요한 2차 시험에서 큰 낭패를 볼 수 있기 때문이다.

객관식 문제를 푸는 가장 훌륭한 도구는 바로 잘 정리된 기
본서가 되어야 한다.

드물지만 1차생 수준에서는 아예 손도 못댈 정도의 문제가
출제되는 경우도 있다. 매년 과목당 1~2문제가 이런 식으로
출제된다. 이는 만점방지용 문제이니 너무 고민하지 말고 과
감히 찍고 넘기기를 권한다.

만점방지용 문제가 아닌데 정말로 잘 모르는 경우 어떻게
찍을 것인가? 어떤 책에서는 객관식 답안의 수를 세어보아서
가장 적게 나왔던 답을 찍으라고 한다. 왜냐하면 모든 시험의
답안 비율은 비슷할 것이라는 가정을 하기 때문이다. 그런데
내 생각에는 이런 방법은 「이중의 오류」 때문에 틀린 답을 선
택할 가능성이 높을 것같다. 첫 번째 오류는 모든 답의 비율이
동일하지 않다는 것이다. 현 8지선다형 사법시험 문제를 보면
그럴뿐더러 5지선다형 문제로 출제되었던 시기에도 지문별
정답비율은 같지 않았다. 두 번째로 자신이 선택한 다른 지문
들이 모두 정답이라는 가정이 들어맞아야 하는데, 그 또한 가
능성이 매우 희박할 것이다. 따라서 이런 방법을 사용하는 것
은 그냥 시간낭비일 뿐이다.

반드시 정답만을 찍게 되는 것은 아니지만, 내가 추천해 주
고 싶은 방법은 이렇다.

첫째 '정의와 형평', '보편성과 구체적 타당성'을 항상 적

용하라. 법은 사회의 정의와 형평을 실현하기 위해서 존재하
는 것이다. 어느 일방에게 과도하게 불리할 경우 법이 추구하
는 바와 다르게 될 것이다. 보편성도 법이 추구하는 바이지만,
특이한 경우(특히 헌법과 형법의 경우) 판례는 구체적 타당성
을 외면하지 않는다. 이런 판례들을 특정해서 암기하는 편이
좋겠지만, 그런 상황을 유추적용하는 것도 일책이다.

둘째, 문맥이 어색한 지문이 있는지 찾는 것이다. 평상시 읽
어오던 문맥과 차이를 느낀다면 그것이 정답일 확률이 높다.

그런데, 사법시험 같은 최고 난이도의 국가고시들은 이것만
으로 정답을 찍기에 많이 부족한 감이 있다.

셋째, 지문이 다른 것보다 길면 그것이 정답일 확률이 높다.

오답 지문이라면 간명하게 함축적으로 표현해도 문제가 되
지 않는다. 왜냐하면 객관식 시험이라는 것이 여러 지문 중에
상대적으로 정답인 지문을 선택하는 것인데, 불분명한 것보다
분명한 것이 있다면 그것이 정답이 되어야 한다. 그러므로 오
답인 지문이 불분명해도 문제될 것이 없다. 반면에 정답인 지
문은 세부적으로 표현해야 한다. 분명하게 표현해놓지 않을
경우 정답에 대한 이의제기를 할 수 있기 때문이다. 통상 출제
문제 검토과정을 거칠 때 정답에 약간이라도 불분명한 부분이
있으면 이런 저런 손이 가게 되고, 지문을 읽다보면 오답과는
상이한 느낌이 들게 된다. 이런 것을 찍으면 된다. 그런데, 이
방법도 사시에는 그대로 적용하기가 약간 껄끄럽다. 아마도
출제위원회 측에서 지문의 길이까지 고려해가면서 찍을 수 없
게 만들기 때문인 듯 하다.

넷째, 개념과 요건 등을 물으면서 '원칙적으로' 등의 수식어를 사용하여 수험생을 안심시키려는 지문이 있는 경우 그것이 정답일 확률이 높다. 사람들은 통상 모든 법에는 원칙과 예외가 있다고 생각한다. 따라서 개념을 물으면서 '원칙적으로' 란 말이 들어가게 되면 심리적으로 안정감을 느끼면서 아무런 의심없이 지나치게 된다. 하지만 이런 경우 개념 자체를 다른 것으로 제시하는 방법을 쓸 확률이 높다. 선발시험은 합격시키려는 시험이 아니라 불합격시키려는 시험이다. 쉽게 속아넘어가서는 안되며, 마음을 단단히 먹고 끝까지 따지고 들어야 한다.

문 6. 동산질권자의 전질권에 관한 설명 중 옳지 않은 것은?
① 책임전질의 이론구성에 있어서 질물재입질설은 질권을 피담보채권과 단절된 독립한 가치권으로서 파악하려는 입장에 있다
② 책임전질의 이론구성에 있어서 채권·질권공동입질설을 취하면, 원질권자의 채권이 변제기에 도달하지 않는 한 전질권을 행사할 수 없다
③ 책임전질에 있어서 원질권자는 전질을 하지 않았더라면 생기지 않았을 불가항력에 의한 손해도 배상할 책임이 있다
④ 승낙전질에 있어서 전질권의 목적이 되는 것은 원질권자가 점유하는 질물이며, 원질권자의 채권이나 질권은 그 목적이 되지 않는다
⑤ 승낙전질에 있어서 원질권자의 질권이 소멸하면 <u>원칙적으로</u> 전질권자의 질권도 소멸한다

46회 민법 1책형 6번문제. 정답이 보이는가? 5번이 정답이다. 책임전질과 승낙전질의 개념을 구별할 수 있는지 묻는 문제였는데, '원칙적으로' 란 문구로 판단력을 흐리게 하고 있다. 잘 모르는 문제일 경우 이런 수식어를 쓰는 지문을 찍는 편이 좋다.

마지막으로 나의 찍는 방법을 공개한다. 내가 다년간의 1차 시험을 분석함으로써 해석한 코드인데, 간략히 설명하면 다음과 같다.

문 8. 무권대리에 관한 설명 중 옳은 것을 모두 고른 것은?

ㄱ. 무권대리행위의 상대방은 계약 당시 무권대리임을 알았던 경우에는 자신의 의사표시를 철회할 수 없다

ㄴ. 무권대리행위에 대하여 본인의 추인이 있으면 무권대리행위는 처음부터 유권대리행위이었던 것과 마찬가지로 다루어지지만, 본인과 상대방 사이에 법률행위의 효력발생시기에 관한 다른 약정이 있는 경우에는 그에 의하게 된다

ㄷ. 판례에 의하면, 대리권한 없이 타인의 부동산을 매도한 자가 그 부동산을 상속한 후, 소유자의 지위에서 자신의 대리행위가 무권대리로 무효임을 주장하여 등기말소 등을 구하는 것은 금반언원칙이나 신의칙상 허용될 수 없다

ㄹ. 무권대리행위의 상대방이 계약 당시 무권대리임을 안 경우에는 본인에 대해 추인 여부의 확답을 최고할 수 없다

ㅁ. 본인이 무권대리인의 법률행위에 대하여 추인거절의 의사표시를 한 후에는 다시 추인할 수 없다

ㅂ. 판례는 본인이 무권대리 사실을 알고 있으면서 이의를 제기하지 않은 것만으로도 추인이 된다고 한다

① ㄱ, ㄴ, ㄷ　　　　② ㄱ, ㄴ, ㄷ, ㅁ (정답)
③ ㄴ, ㄷ, ㅁ　　　　④ ㄷ, ㄹ, ㅁ
⑤ ㄷ, ㄹ, ㅁ, ㅂ

46회 민법 1책형 8번문제. 1책형 11번, 14번, 22번, 23번, 36번도 동일한 양식으로 출제되었다.

사법시험의 경우, 위의 문제처럼 보기가 여러 개 있고 '이 중에서 옳은 것 또는 옳지 않은 것만을 고른 것은?' 이란 방식으로 출제되는 경우가 빈번하게 있다. 이런 경우에는 선택지문(①~⑤)에 가장 많이 출현한 보기가 정답일 확률이 높다. 즉, 위의 경우 선택지문에 출현한 ㄱ,ㄴ,ㄷ,ㄹ,ㅁ,ㅂ (또는 가, 나,다 / a, b, c 등 보기지문을 말한다)의 개수를 하나 하나 세어보아서 가장 많이 출현한 것은 당연히 정답이 되고, 동일 개수가 나오면 이 중에서 찍어야 한다. 위의 경우에는 선택 지문에서 'ㄱ'이 2개, 'ㄴ'이 3개, 'ㄷ'이 5개, 'ㄹ'이 2개, 'ㅁ'이 4개, 'ㅂ'이 1개 출현하였다. 'ㄷ'이 가장 많이 나왔으므로 'ㄷ'은 정답일 확률이 높다. 'ㅁ'과 'ㄴ'도 마찬가지다. 이 때에는 일단 마음속으로 'ㄴ' 'ㄷ' 'ㅁ'가 들어간 지문을 찍겠다고 다짐한다. 반면에 'ㅂ'은 하나만 나왔으므로 정답일 확률이 매우 희박하다. 문제는 2개씩 출현한 나머지 'ㄱ'과 'ㄹ'인데 일단 위의 분석결과를 놓고 볼 때 지문중에 정답이 될 수 있는 것은 ②번과 ③번 뿐이 없다. 따라서 'ㄱ'을 정답에 포함시킬 지가 관건이다. 우연히 'ㄱ'의 정오를 판단할 능력이 되었다면 이 문제는 정답을 찍을 수 있다. 나머지 민법문제들도 이런 방법으로 풀면 되었다. 이런 식으로 답이 될 수 있는 지문의 숫자를 줄여간다면 정답을 맞출 확률이 급격히 높아진다.

혹시 독자중에 필자가 '46회 1차시험 문제지를 들이대면서 현재에도 타당한 방법이라 억지를 쓰고 있다'고 생각되는 사람이 있는가? 그렇다면 올해 50회 1차시험 문제지를 보겠다.

문 5.(배점 3)

동시이행의 항변권에 관한 설명 중 옳은 것을 모두 고른 것은?(다툼이 있는 경우에는 판례에 의함)

ㄱ. 근저당권 실행을 위한 경매가 무효로 되어 근저당권자가 채무자를 대위하여 매수인에 대한 소유권이전등기 말소청구권을 행사하는 경우, 매수인이 부담하는 소유권이전등기 말소의무는 근저당권자의 배당금 반환의무와 동시이행의 관계에 있다.

ㄴ. 부동산 매수인 甲의 매매잔대금 지급의무와 매도인 乙의 가압류기입등기말소의무가 동시이행관계에 있었는데, 위 가압류에서 비롯한 강제경매절차가 진행되자 甲이 강제경매의 집행채권액과 집행비용을 변제공탁한 경우, 乙은 甲에 대하여 대위변제로 인한 구상채무를 부담하게 되고, 甲은 乙의 매매잔대금채권에 대해 가압류로부터 본압류로 전이하는 압류 및 추심명령을 받은 乙의 채권자 丙에게 가압류 이후에 발생한 위 구상금채권에 의한 상계로 대항할 수 있다.

ㄷ. A 건물을 甲으로부터 임차한 乙의 임대차보증금반환채권이 丙에게 전부된 경우, 임대차계약 해지 이후에 甲이 丙에게 임대차보증금반환채무를 이행제공하거나 현실적으로 이행하지 아니하였다면, 乙의 A 건물에 대한 점유는 불법점유가 아니다.

ㄹ. 甲이 乙의 부동산을 매수하는 계약을 체결하면서 부가가치세도 甲이 부담하기로 하였으나 부가가치세의 지급시기와 방법 등에 관하여 특별한 약정을 하지 아니한 경우, 甲의 부가가치세 지급의무는 乙의 소유권이전등기의무와 대가적 의미를 갖는 채무가 아니어서 동시이행의 관계에 있지 아니하다

ㅁ. 甲은 乙에게, 乙은 丙에게 A 건물을 순차 매도하고, 甲, 乙, 丙은 중간생략등기의 합의를 하였는데 그 후 甲과 乙 사이에 매매대금을 인상하는 약정이 체결된 경우,甲은 乙로부터 인상된

매매대금이 지급되지 않았음을 이유로 丙 명의로의 소유권이전등
기의무의 이행을 거절할 수 없다.

① ㄱ, ㅁ　　　　　　　② ㄴ, ㄷ(정답)
③ ㄷ, ㅁ　　　　　　　④ ㄹ, ㅁ
⑤ ㄴ, ㄷ, ㄹ　　　　　⑥ ㄴ, ㄷ, ㅁ
⑦ ㄱ, ㄴ, ㄷ, ㄹ　　　⑧ ㄱ, ㄴ, ㄹ, ㅁ

50회 민법 1책형 5번문제. 비슷한 방법을 적용할 수 있는 문제로 8번, 9번, 10번, 11번, 15번, 18번, 22번, 25번, 28번, 35번 등이 있다.

　나는 올해 1차시험을 치르면서 예전과 동일한 방법으로 정답이 될 수 있는 보기 지문들을 골라낼 수 있다는 것을 알고 깜짝 놀랐다. 시험양식이 5지선다에서 8지선다로 바뀌었음에도 불구하고, 이 방법은 여전히 찍기에 좋은 툴(tool)임에 틀림없다.

　위의 경우에 'ㄱ'은 3회, 'ㄴ'은 5회, 'ㄷ'은 5회, 'ㄹ'은 4회, 'ㅁ'은 5회 출현하였다. 답이 될 수 있는 자격을 갖춘 지문은 'ㄴ' 'ㄷ' 'ㅁ'이다. 즉, 찍는다면 2번과 3번, 6번중에서 택일하면 되는 문제였던 것이다.

　이 방법을 사용할 경우 주의할 점으로 첫째, 보기 지문의 ○×를 묻는 문제에서는 이 방법을 적용해서는 안된다. 거의 들어맞지 않기 때문이다. 둘째, 'ㄱ' 'ㄴ' 'ㄷ' 등의 보기 지문의 출현횟수가 동일하다면 선택하기가 난감하다. 이럴 경우 그냥 찍는 편이 낫다. 셋째, 이 방법은 항상 정확한 것은 아니다. 어떤 경우에는 오히려 출현빈도가 가장 낮은 보기지문

이 답이 되는 경우도 있다. 따라서 자신의 실력을 키우는 편이 속편하다. 넷째, 이 방법이 적절히 들어맞는 과목은 매년 바뀐다. 짝수년 1차시험에서는 민법에 적합했고, 홀수년 1차시험에서는 헌법과 형법에 적합했던 것으로 기억된다. 즉, 이 방법을 무조건 사용할 것이 아니라 해당 과목에도 적절한지 판단하기 위해 자신이 정답을 확실하게 아는 문제에 대해 시험적용을 해 보고 사용하는 편이 안전할 것이다. 마지막으로, 이런 방법이 있다는 것을 수험생이 널리 알게 되는 시점이 되면 출제위원회 측에서도 어떤 조치를 반드시 할 것이라는 점도 명심해야 한다.

기타 의문사항이 있다면 독자가 직접 사법시험 자료실에서 1차시험 문제지를 다운로드 받아서 한번 연습함으로써 해결하기 바란다. 위 방법은 시험 출제위원회의 의도를 역으로 이용해서 찍는 방법이다. 출제위원회는 정답지문을 찍어서 맞출 수 없게 하기 위해 수학적으로 확률을 가장 낮추려는 의도를 갖고 있었으나, 이것이 오히려 찍어서 맞출 수 있는 길을 열어 놓았다. 세상의 모든 일이 항상 뜻하는 대로 이루어지는 것만은 아님을 여기서도 알 수 있다. 그러니 일이 잘 안풀린다고 낙담하지 말자.

마지막의 최종정리가 1년을 좌우한다

마지막 최종정리는 지금까지 공부한 내용을 정리하는 시간이다. 과목당 5일 - 1일 - 총정리 1일 또는 과목당 4일 - 2일 - 1일 - 총정리 1일 정도로 계획을 세우고 정리를 하는데, 핵심적인 내용위주로 확인함으로써 1회독의 시간을 줄이는 데에 주력해야 한다. 어떤 사람들은 막판정리 때에는 기본서만 보라고 한다. 하지만 나의 경우에는 그동안 간과한 중요 자료가 있었다면 과감히 많은 시간(반나절 정도)을 투자하였다. 특히 최신판례의 경우에는 시험 직전까지 확인하고 시험에 임해야 한다.

최종정리 기간에는 책읽는 속도가 급격히 증가해야 한다.

처음 법서를 접할 때에는 1시간에 10~20페이지 정도를 읽을 것이다. 3회독 때에는 적어도 처음 속도의 2배로 읽을 수 있어야 한다. 필요한 부분에 줄이 잘 쳐져 있고, 요약정리가 잘 된 경우에는 회독수가 증가함에 따라 1시간에 60페이지 이상 정독할 수 있다. 시험 전날에는 3000페이지 이상 넘기게 되는데, 이는 말 그대로 넘겨가면서 눈으로 확인하는 작업이다. 시험 전날의 최종정리는 사진을 찍는다는 느낌으로 팍팍 넘겨야 한다. 혹자는 이렇게 책을 빨리 넘기는 행위가 무슨 의미가 있는지 반문하나, 이 역시 수많은 수험생에 의해 효과가 있음이 입증된 방법이다.

나는 「비슷한 것들을 구별할 수 있는 자가 현명한 자」라고 생각한다. 통상적으로 일반 사회에서 다른 사람의 일하는 모습을 보면서 '개념이 없다'는 말을 하는 경우가 있는데, 이는 A를 적용해야 되는 상황에서 B를 적용하는 경우에 사용하는 말이다. 비슷한 것들을 구별하지 못하는 사람은 개념이 없는 사람이다. 여기서의 개념은 앞서 말한 기본목차의 개념과 동일한 의미이다. 따라서 현명한 사람이 되기 위해서는 각 제도와 권리, 의무 등의 개념부터 분명히 식별해가면서 이해해야 한다. 그런데 법서의 개념과 내용들은 대동소이한 경우가 많다. 평소부터 이런 것들을 명확히 구별할 수 있도록 핵심적인 내용의 차이점을 잘 정리해야한다. 이는 최종정리 시간단축에 큰 영향을 미친다.

최종정리 기간에는 매사 신중하고 주의해야 한다. 행여 교통사고가 난다면 그 해 시험이 물건너 갈 수도 있기 때문이다. 책을 도난당하지 않게 조심해야 하고(의외로 이런 경우가 많다고 한다), 감기 등 질병에 걸리지 않도록 주의를 배가해야 된다.

시험 당일 행동요령

누구나 중요한 시험을 볼 때에는 긴장을 안할 수 없다. 2차 시험에 합격한 후, 합격생의 단 1% 내외를 불합격시키는 3차 시험장에 들어가서도 긴장되기는 마찬가지였다. 그렇다고 억지로 긴장을 안 할 필요는 없다. 오히려 약간의 긴장은 심장박동수를 빠르게 해서 집중력을 강화시켜 준다. 그리고 중요한 것은 대부분의 수험생들이 긴장하고 있다는 사실이다. 시험은 상대평가이고, 내가 남들보다 불리할 이유가 없다는 것을 늘 생각해라.

시험은 매순간 최선을 다해야 한다. 몇 달간 시험을 준비했음에도 불구하고 스스로 부족하다고 자인하면서 분위기도 익힐 겸 경험삼아 시험을 보려고 한다면 차라리 그 시간에 노는 것이 낫다. 나는 1차 및 2차 시험장에서 그런 수험생들을 여러 번 보았다. 이런 수험생들은 일단 눈빛부터 풀려있기 때문에 단숨에 알아볼 수 있다. 바둑을 두다보면 계속 지는 바둑을 두는 경우가 있다. 한두번 지다보면 계속 지게 되는 것이다. 실패는 버릇이 된다. 내가 5시까지 가면서까지 사시 준비를 할 수 있었던 원동력은 1차시험을 계속 합격했기 때문이다. 대부분의 합격생들이 그럴 것이지만, 1차에 한번이라도 합격한 경험이 있는 사람은 1차시험을 별로 두려워하지 않는다. 「이기는 습관」이 되었기 때문이다. 내가 만약 1차시험에 즈음하여 시험을 포기한 적이 한번이라도 있었다면 지금 이렇게 글을 쓸 수 없었을 것이다.

시험장에 가는 교통편과 준비물은 사전에 준비해야 한다.

교통편은 여건에 따라 지하철이나 버스, 택시 등 대중교통을 이용하면 된다. 준비물로는 수험표, 신분증, 「사법시험용 컴퓨터용 사인펜」(펜촉이 양쪽으로 있는 것으로 한쪽에는 다소 둥글고 큰 펜촉이 있어 도장을 찍듯이 표기할 수 있다. 일명 '한방펜'이라고 하며, 시간절약 측면에서 반드시 구입할 것.), 샤프, 지우개, 탁상용 전자시계, 휴지 또는 티슈, 황색 형광펜(잘 모르는 문제를 넘어갈 때 형광펜으로 표시하면 나중에 알아보기 쉽다), 생수 2통, 중식용 도시락(시험장에서 판매하는 것들은 되도록 피하라. 변질된 것일 수도 있다.) 그리고 잘 정리된 기본서 등이 필요하다.

되도록 시험장에 일찍 도착하는 편이 좋다. 시험장을 개방하는 시간에 맞춰서 도착할 수 있도록 계획하면 적당하다.

시험장으로 이동간에는 책을 안보는 편이 좋다. 2차시험과 달리 1차시험은 많은 양의 글자를 빠른 시간 내에 정확히 읽어야 한다. 흔들리는 차안에서 40~50분정도 책을 보면 눈이 침침해질 수 있다. 꼭 확인해야 될 부분이 있다면 간단하게 주제만 읽고 눈을 감고 머릿속으로 생각하는 시간을 갖는 편이 좋다.

교실에 도착하면 자기 자리에 찾아가서 무조건 기본서부터 편다. 주변 분위기 따위를 익힌다고 배회할 필요는 절대로 없다. 그리고 시험감독관이 통제할 때까지 계속 기본서를 눈에 발라야 한다. 규정에 위반되지 않는다면 자신의 시험준비할 권리를 포기할 이유는 없다. 감독관의 최종 통제에 따라 책을 제출한 뒤에는 자리에 앉아서 눈을 감고 조용히 명상을 하면서 호흡을 가다듬는다. 종교가 있다면 '어려운 문제가 나오더라도 당황하지 않고 침착하도록 도와달라'고 기도하라.

답안지가 분배되면 인적사항 등을 기재한다. 이 때 대충 체크하게 되면 나중에 기재 오류에 대한 걱정으로 2차시험 준비에 지장이 있을 수 있으므로, 틀리게 기재된 사항이 없는지 반드시 2번 이상 꼼꼼히 확인한다. 특히 문제지가 분배된 후에 1책형인지 3책형인지 답안지에 기재하게 되는데 반드시 정확히 기재해야 될 것이다. 혹시 답안지 기재사항에 대한 실수가 있었다면 조기에 답안지를 교체할 것이며, 시험이 시작된 후에 실수를 발견하였다면 가능한 한 감독관의 확인을 받아서 정정하는 편이 좋다고 본다.

문제지가 분배되면 절대로 부정행위로 규정된 행위, 즉 문제지를 들춰 보거나 봉인을 뜯는 행위를 해서는 안된다. 감독관은 규정대로 처리하기 때문이다. 그런데 많은 학생들은 문제지를 뚫어지게 쳐다본다. 뒷면에 비치는 내용을 거꾸로 읽으면 한두문제는 건질 수 있기 때문인 듯 싶다. 적당히 알아서 할 일이다.

시험시작을 알리는 호루라기 소리에 시험지 봉인을 뜯고 시험지를 펼치게 된다. 간혹 문제지 첫 페이지, 즉 1번부터 4번까지 다소 생소한 이론문제가 출제될 수도 있다. 특히 헌법문제를 이렇게 내는 경우가 많았다. 이 때에는 '내가 모르면 남도 모른다' 고 생각해야 된다. 당황하지 말고 차근차근 읽다 보면 정답들이 손을 들고 있을 것이다. 정말로 잘 모르겠다면 시간을 허비하지 말고 체크 표시를 한 후, 다음장으로 넘어가야 한다. 한 문제에 사용할 수 있는 시간은 길어야 2분 안팎이 될 것이다. 시간 분배를 잘 해서 문제를 풀어야 한다.

1번 문제부터 마지막 문제까지 문제지를 1회독 하였다면, 잘 몰라서 넘어간 문제들을 다시 한 번 검토한다. 시간이 가용하다면 확신은 하되 다소 미심쩍은 문제들도 다시 검토할 수 있다. 문제지 2회독을 시작할 때, 시험 시간은 통상 15~25분 정도 남아있을 것이다. 가용시간이 10분 이내로 감소하였다면 일단 답안지에 마킹을 시작해야 한다. 아직 해결하지 못한 문제는 밀려서 표시하는 경우가 절대로 없도록 확인하면서 공란으로 남겨두고 신중히 마킹하라. 그런 다음에 남은 시간을 최대한 활용하여 남은 문제를 차분히 풀어나간다.

잘 모르는 문제는 미심쩍은 지문들을 추려 내서 50% 또는 33%의 확률로 찍는다. 찍기 위해서 답안 전체의 정답비율을 카운트하는 우를 범하지 말아라. 정답 선택에 곤란을 겪는다면 앞서 언급한 방법을 사용하여 과감히 찍는다.

1교시 시험은 헌법과 선택과목으로 구성되는데, 일단 선택과목부터 다 해결한 뒤에 헌법문제를 푸는 편이 시간확보 측면에서 좋다. 국제법의 경우에는 25문제를 다 푸는데 20분도 걸리지 않는다. 참고하기 바란다.

헌법과 형법은 비교적 시간적 여유가 있는 반면에 민법 시험은 초를 다퉈가면서 문제를 해결해야 된다. 더욱이 민법시험은 오후에 있는데, 점심식사 후 나른한 느낌 때문에 집중력 발휘에 큰 문제가 있을 수도 있다. 머리가 멍한 상태에서 글을 읽다보면 무슨 의미인지 잘 들어오지 않게 된다. 시험 전날 일찍 자두는 것은 이러한 사태를 방지하는데 도움이 된다. 정 집중이 되지 않는다면 기지개를 한번 한 다음, 그 문제는 일단 넘기고 다음문제부터 푸는 편이 좋다.

긴장을 완화시키려는 목적으로 우황청심환 등의 약을 먹고 시험을 보는 경우가 간혹 있는데, 「실전은 연습같이」란 말이 있듯이 평소 모의고사를 연습할 때와 동일한 조건으로 시험을 쳐야한다. 평소에도 약을 먹어가면서 시험을 봤다면 별 문제가 없을 것이나, 그렇지 않다면 새로운 시도는 삼가야 한다.

음식물들도 마찬가지다. 아침식사와 점심식사는 거르지 말고, 밥과 김치, 나물 정도로 간단히 섭취해야 된다. 시간절약 또는 입맛이 없다는 이유로 밥을 안먹고 사탕 또는 쵸콜릿을 왕창 먹는 경우도 있는데, 당분이 몸속으로 과다하게 흡수될 경우에는 머리에 쥐가 난 것처럼 두뇌회전이 느려질 수도 있다. 커피는 평상시보다 약간 줄이는 것이 좋고, 담배는 적어도 시험 당일에는 안피우거나 많이 줄여야 한다.

당연한 얘기지만 이미 지나간 시험에 대해서는 절대로 생각할 필요가 없다. 시험 당일에는 이미 본 과목에 대해서는 머릿속에서 비워버렸다고 생각해도 무방하다. 쉬는 시간에 답을 맞춰보거나, 쉬었거나 어려웠다고 이야기할 필요도 없다. 오직 다음 시험에만 대비하면 된다.

1차 시험후 대처요령

1차 시험이 끝났다면 3~4일 정도 휴식을 취하는 편이 좋다.
시험 직전 약 3주간은 극심한 체력소모를 경험할 것이니 충분한 영양섭취와 적절한 운동으로 체력을 끌어올려야 한다.

요즘은 시험 당일 야간에 정답 가안(假案)이 공개된다. 자신의 문제지에 표시된 답과 맞춰 봄으로써 자신의 합불여부를 대략 짐작할 수 있다. 예년의 커트라인과 난이도를 고려해서 커트라인을 대강 짐작할 수 있는데, 합격선에서 상향으로 충분히 이격되었다면 바로 2차시험 준비에 들어가면 된다.

만약 자기 점수가 커트라인 점수대에 아슬아슬하게 걸치거나 약간 못미치는 점수대라고 하더라도 곧바로 2차시험 준비에 들어가는 것이 현명하다. 2차시험에서 다룰 후사법(행정, 민소, 형소, 상법) 과목들은 1차시험 과목들과 깊은 연관이 있고, 커트라인 부근의 실력이라면 충분히 이해가 가능하기에 공부를 당장 시작해야 한다. 간혹 인터넷 게시판에 상주하면서 커트라인 정보를 얻으려 하는 사람들도 있는데, 그럴 시간이 있으면 자신이 믿는 종교를 통해 기도하는 편이 낫다. 만약 불합격한다고 하더라도 내년의 동차 합격을 노리고 준비해야 한다. 불합격했다고 해서 학교와 학원 등지에서 남들의 눈치를 볼 필요는 없다. 2차생이라고 우쭐대봐야 2차생일 뿐이다. 그렇게 준비해서 2차에 생동차로 합격한 예는 충분히 많다.

시험점수가 정말 형편없이 나온 경우에는 1차 시험준비에 대한 전략부터 전면적으로 재검토해야 한다. 제대로 된 방향으로 시험준비를 하였고 어느 정도 노력하였다면 커트라인에 크게 못 미치는 점수는 나오지 않는다. 그러한 결과는 지금까지의 준비방법이 완전히 잘못되었다는 것을 말해준다.

만약에 독자가 실패의 쓴맛을 보았다면 와신상담(臥薪嘗膽)의 자세로 공부하기를 권한다. 사람은 자신이 잘못되었을 경우 대부분 자기방어기재가 발동하여 "운이 없었다", "시간이 부족했다", "환경이 안좋았다" 등의 핑계를 생각해내고, 이로써 나쁜 결과에 대해 자기합리화를 시키고자 노력한다. 그래서 학교나 학원에 가 보면 몇 년 동안 계속 낙방만 하는 사람들이 웃으면서 돌아다닐 수 있는 것이다. 그런데 나는 이런 행동들을 잘 이해할 수 없다. 나의 경우에는 시험에 불합격할 때마다 약이 올라서 화가 치밀어 올랐고 실수한 문제들 때문에 잠이 안왔다. 그리고 내가 했던 실수는 절대 잊지 않도록 여러 번 반복해서 머릿속으로 되새김질하였다. 진정으로 합격을 원한다면 간절한 마음으로 시험을 준비해야 한다. 시험에 떨어진 '티'를 얼굴 인상으로써 표현한다고 해도 비난할 사람은 별로 없다. 인생에 있어서 아픔과 그 원인을 기억한다면 동일한 아픔을 겪을 확률이 줄어들지만, 이런 것들을 쉽게 망각한다면 동일한 아픔을 겪을 확률이 높아진다(역사를 살펴보면 국가의 경우에도 마찬가지다).

Part 04 사법시험 2차시험 준비요령

(논술형 시험 준비요령)

필기구와 글씨연습

2차시험은 논술형 시험이다. 1차시험은 컴퓨터가 채점을 하고 가점이나 감점의 여지가 없지만, 2차시험은 사람이 채점을 하고, 여러 요소에 의해 가점과 감점의 요인이 있다.

나는 사시 2차시험 채점을 어떤 방식으로 할 것인지에 대해 늘 궁금하였다. 채점위원 몇 명이 시험지 몇 매를 어떻게 분할해서 몇 차례에 걸쳐 시험을 채점하는지는 별로 중요치 않다. 왜냐하면 모든 사람들이 공평하게 동일한 과정을 거치기 때문이다. 내가 궁금한 것은 '어떤 요소로 인해 잘썼다고 생각하는 과목이 생각보다 점수가 저조하게 나왔는가?' 에 대한 것이었다. 물론 예상외로 점수가 높게 나온 경우도 원인을 분석하였다.

필자는 육사에서 군사훈련교관을 하였다. 비록 "지휘통솔"이란 과목이었지만, 나는 앞서 언급한 「기본목차」의 요소를 고려하여 교육용 교재를 작성하였다. 중간고사와 기말고사는 사례형으로 출제하였고, 이에 대해 논술형 답안지를 작성토록 하여 이를 채점하였다. 그 이전에 내가 남의 답안지를 채점한 적은 없었다.

수백명의 답안지를 채점하면서 느낀 것인데, 다른 사람이 손으로 쓴 글을 읽어야 하는 일은 상당히 피곤한 일이다. 고도의 주의집중을 하지 않는다면(전화를 받는다거나 다른 업무를 하는 경우) 답안지를 읽다가도 앞에서 어떤 것들이 언급 되었는지 깜빡 놓치는 경우도 있었다. 이는 그 사람의 답안이 논리적인지 판단하는 데에 영향을 미치기 때문에, 뒤로 돌아가서 다시 한번 확인하는 수고를 들여야 한다. 요소별 배점표를 답안지 옆에 놓고, 아니 정확히 말하면 머릿속에 배점표를 외어 놓고 채점을 하지만 사람마다 다양한 글쓰기 양식이 있기에 반드시 그것만으로 모든 평가를 할 수는 없다. 이 때, 자신이 표현한 내용만큼의 점수를 보장하는 최소한의 수단은 바로 「보기좋은 글씨」이다.

나는 타고난 악필이다. 수년에 걸쳐 교정에 교정을 하였지만 별로 개선되지 않았다. 그런데 '어떻게 하면 글씨가 보기좋아질까' 고민은 많이 하였다.

글씨가 예뻐지기 위해서는 우선 필기구를 잘 선택해야 된다. 좋은 필기구는 적당한 글씨 굵기(볼펜심을 기준으로 1mm 또는 0.7mm 정도)에 막히거나 끊어지지 않고 잘 써져야 하며, 무게가 가벼워서 장시간 필기에도 손목에 무리를 주지 않아야 한다. 나는 2차시험용 필기구로 볼펜과 만년필 등 다양한 제품을 사용해 보았다. 올해에는 고민 끝에 수험생들이 많이 사용하는 펜텔 에너겔 0.5미리 제품을 사용하였다. 그런데 최근 미쓰비시에서 제트스트림 0.7미리 제품이 나왔는데 에너겔보다 훨씬 시험적합성이 높은 것 같다.

간혹 2차 시험용 필기구로 만년필을 권하는 사람들이 있는데, 재작년과 작년 만년필을 사용했으나, 결과에 대해 '억울하다'고 생각을 했던 나로서는 만년필은 피해야 된다고 생각한다. 만년필은 답안지 재질과 잉크의 종류에 따라 글씨가 번질 우려가 있고, 유지보수에 많은 비용이 들 뿐만 아니라 펜 자체에 대한 신뢰성(가끔 사용 중에 펜촉이 벌어지면서 잉크가 다량으로 나오기도 한다. 필자는 고급 만년필을 사용했는데도 불구하고 그랬다), 시험장에서의 대체가능성(2차시험 답안지는 매 답안지를 동일 종류의 필기구로 작성해야 한다) 등 장점보다 단점이 너무 많다.

플러스 펜을 사용하는 사람도 있는데 여름철에 땀에 젖어 번질 우려가 있다. 그냥 간명하게 제트스트림으로 선택하기를 권한다. 매우 좋은 필기구이고 볼펜심의 리필도 가능하며 가격도 저렴하다. 일제라서 마음에 걸리지만, 합격을 위해서는 어쩔 수 없으니 두 눈을 질끈 감는다.

답안지 글씨는 많이 연습해야 나아진다. 모의고사를 보면서 글씨연습을 병행하는 편이 좋다. 악필가들이 보기 좋은 글씨를 쓰기 위해서는 일단 글씨를 적당히 크게 써야 하며, 자음을 최대한 크게 쓰고 획을 그을 때 삐뚤거리지 않게 하며 흘려쓰지 않도록 노력하는 수밖에 없다. 「백강고시체」라고도 있는데 나는 연습해본 적이 없지만 효과를 봤다는 사람이 종종 있다.

악필이라면 최소한 답안지 1면만은 정서체로 예쁘게 쓰길 권한다. 1면이 그러하다면 나머지 답안의 글씨가 다소 뭉개지더라도 채점자 입장에서 선해할 여지가 있다.

답안지의 글씨가 보기 좋을 경우, 왠지 채점을 하면서 '정답일 것' 이라는 선입견을 갖게 만든다. 또한 읽으려는 노력 없이도 눈에 잘 들어오므로 점수도 후하게 나가는 경향이 있다. 반면에 극악의 악필은 채점자의 인내력을 테스트하게 만든다. 한여름에 사무실에서 수천장의 답안지를 보게되는 채점위원이 악필을 해독하기 위해 별도의 시간을 들여야 한다면 그 답안에 대해 동정점수를 주거나 답안내용을 선해하고 싶은 경우는 별로 없을 것이다. 혹자는 악필과 명필사이 10점 내외의 점수차이가 있다고 하나, 내가 보기에는 과목별로 대략 5~6점 정도 차이가 나지 않을까 싶다. 따라서 디지털시대에 조선시대 과거시험을 치르고 있는 우리로서는 좋은 필기구로 예쁜 글씨를 쓰는 방법을 평상시에 연마해야 한다.

그런데 한가지 당부하고 싶은 말은 글씨 때문에 너무 스트레스를 받지 말라는 점이다. 과거에도 그랬고, 현재에도 악필임에도 불구하고 시험에 합격하는 사람들이 분명히 있다. 명필이 아니라도 쉽게 알아볼 수 있을 정도로만 쓰면 된다. 정작 중요한 것은 답안지의 내용과 논리이다.

2차시험도 교재선택이 당락을 가른다

2차시험 수험생은 대부분 기본서를 7~8회독 정도 하고 나서 시험장에 들어가게 된다. 수험생이 볼 수 있는 자료는 한정되어 있다. 또, 많은 자료를 보고 시험장에 가더라도 시험장에서 기억나는 내용은 정말로 한정되어 있다.

2차시험도 좋은 교재를 선택하는 것이 합격여부를 좌우한다. 어떤 교재가 좋은 교재인지의 기준은 1차시험의 경우와 동일하다. 기본서 등을 언급하기에 앞서서 수험생이 보통 놓치기 쉬운 중요 참고자료를 말하고 넘어가겠다.

매년 유명 교수님들의 신간이 발간된다. 이런 책들은 수험생이라면 반드시 구입해서 보아야 한다. 기본서와 문제집을 모두 사보기에 시간적 금전적 여유가 되지 않는다면, 새로 발간된 문제집은 반드시 보기를 권한다. 다른 책에는 없지만 그 신간에만 있는 내용은 출제될 확률이 꽤 높다고 할 수 있다.

「고시계」란 월간잡지가 있다. 전국 유명 교수님들의 사례문제와 해설을 연재하는데, 3~4년치 정도는 풀어보기를 권한다. 그것이 불가능하다면 6월호를 포함하여 적어도 1년치는 반드시 풀어보기를 바란다. 이는 매해 1~2문제가 유사하게 출제되거나, 관련논점들이 꾸준히 언급되기 때문이다.

「법률신문」의 경우에도 사시와 관련하여 유명 교수님의 기고란이 있다. 해당 과목을 마무리 할 시기에 인터넷으로 다운로드 및 출력을 하여 한번쯤은 읽고 들어가는 것이 좋다.

학원 모의고사는 동일 문제가 2차시험에 출제될 확률이 매우 희박하다. 사시출제기관에서 학원 자료들을 모두 수거하여 검토과정에서 동일문제를 배제하기 때문이다. 유사문제 또는 논점이 사시에 출제되는 경우는 있는데, 이는 거의 우연이라고 보면 된다.

간혹 연수원 교재중에서 최근 이슈가 되고 있는 내용이 출제되기도 한다. 특히 형사법분야에 이런 경향이 있는 듯하다. 그러나 연수원 자료가 워낙 분량이 많고 범위도 방대하니 차라리 검사 등의 법조직역에서 근무하는 지인에게 최근 이슈가 되는 주제를 물어보아서 해당부분의 내용만 간략히 깍아서 읽는 편이 좋다.

위에서 언급한 내용들은 순전히 5년간의 나의 경험과 분석에 근거한 것인데, 출제위원들이 평소 관심이 있는 분야를 사법시험에 출제하는 것이기 때문에 타당하다고 생각한다. 의문이 있는 수험생은 사시 기출문제를 놓고서 위 내용들을 검토해 보기 바란다.

이하에서는 내가 선택했던 교재들을 고려하여 추천할만한 기본서와 사례집에 대해 간략히 언급하겠다.

헌법은 기본서는 1차용 기본서를 사용하고, 사례집으로 정회철 케이스 단문집을 많이 본다. 헌법은 사례집 종류가 별로 없다는 것이 특징이다. 「고시계」 사례는 좋은 보충자료가 될 것이다.

행정법의 경우, 기본서와 사례집은 박균성 또는 홍정선 교수님의 책이 대세이고 기타 다른 교수님들의 교재가 여러 권 있다. 박균성 교수님의 책은 다양한 내용을 논리적으로 언급하고 있으며 편집이 깔끔한 장점이 있는 반면에, 홍정선 교수님의 책은 유명 강사의 강의지원이 양호하다는 장점이 있다.

민소법 기본서는 이시윤 전 헌법재판관님의 기본서가 대세이고, 참고용으로 다른 교수님들의 교재를 들춰보기도 한다. 나는 4년째 이창한 강사의 사례집을 주교재로 삼아 공부했는데, 노력대비 효과는 나쁘지 않았다.

상법은 두꺼운 교수님들의 책 보다는 김혁붕 강사의 상법신강이 대세인 듯싶다. 다만 회사법은 이철송 교수님의 책을 한번 봐주기를 추천하며, 어음법은 최준선 교수님의 사례집으로 다시 이해할 필요가 있을 것 같다. 최준선 교수님의 두 권짜리 사례집을 천천히 읽어본다면 채점위원급 교수님들이 어떤 유형의 답안을 요구하는지 시사하는 바가 크다.

형법은 기본서로 신호진 강사의 단권화 교재를 밀고 나가면 충분하며, 사례집은 유명 강사 또는 교수님의 사례집을 골라서 보기 바란다.

형소법은 이재상 교수님의 책으로 준비하는 사람이 많이 있으나 최신 내용에 대한 보충이 필요하므로 차라리 문갑서원의 논술단문 형사소송법과 유명 교수님의 최신 사례집(올해의 경우에는 정웅석·백승민저 형사소송법 사례집)을 볼 것을 추천한다.

민법은 1차 기본서를 바탕으로 유명 교수님의 최신 사례집(올해의 경우 오랜만에 나온 김형배 교수님의 사례집)을 구입하여 보면 된다. 매일 1문제씩 푼다고 계획하여 사례집 2~3권 정도를 해결하고 시험장에 들어간다면 어떤 유형의 문제가 출제되어도 크게 당황하지 않을 것이다.

간혹 특정과목에서 강사교재에는 없고 교수님의 책에만 있는 내용이거나, 강사교재에 오류가 있는 경우 이 부분이 출제되기도 한다. 주로 특정 강사교재가 대세라는 소문이 있는 경우에 출제위원들이 얄팍하게 공부하는 고시생들에게 경종을 울리고자 그렇게 하는 것 같다.(사실 무슨 목적으로 경종을 울리는 것인지는 잘 모르겠다) 현재는 이에 대한 역대응으로 유명강사가 교재를 만들 때에 일부러 특정 부분을 빼놓고 만든 다음, 강의를 통해서 그 내용을 보충하는 방식으로 출제를 유도하는 경우도 있다.(그렇게 선해하고 싶다는 것이지 정말 그런지는 나도 모른다) 아무튼 이 바닥도 재미있는 세상이다. 과목별로 가장 유명한 교수님 책을 한권씩 구입해서 강사교재에 빠진 부분을 보충하는 편이 안전하다.

모범답안 작성을 목표로 공부하라

2차시험은 제한된 시간 내에 주어진 문제에 대해 한정된 답안지를 갖고서 자신의 법률적 지식을 총동원하여 답안을 "표현" 할 것을 요구한다. 학원 모의고사를 보면 이해가 가겠지만, 1시간 내에 50점 배점의 답안을 4페이지에 빽빽히 작성하기란 여간 어려운 일이 아닐 수 없다. 그리고 답안지를 촘촘히 작성한다면 오히려 좋은 점수를 받을 확률이 낮아지기도 한다.

흔히들 범하는 실수중 하나로, 특정 주제에 대한 연구논문을 작성하듯이 시시콜콜하게 따지면서 공부하는 방법이 있다. 이런저런 사유로 답안지에 현출시키지 못할 내용이라면 공부할 필요가 없다.

합격을 하기 위해서는 답안지를 잘 작성해야 한다. 공부의 목표는 오로지 잘 짜여진 답안지를 작성하는 것이 되어야 한다.

답안의 분량은 배점을 고려해야 한다. 50점에 4페이지가 가용하므로 10점짜리 문제라면 4/5페이지 정도만 할당해야 한다. 따라서 문제지를 받으면 해당 배점을 판단하여 적절한 분량을 배분하고 답안을 작성해야 한다. 배점을 고려하지 않은 답안지는 채점자에게 안 좋은 인상을 준다.

목차구성은 Ⅰ. → 1. → (1) → 1) → ① 정도의 순서로 하면 된다. 목차는 해당 단락에 어떠한 내용이 쓰여질 것인지를 말해주는 이정표와 같다. 따라서 로마자 목차들은 제목자체로 답안의 논리가 매끄럽게 연결될 수 있도록 신중히 선정해야 하고, 목차의 제목은 언제나 그 하위의 내용을 포괄할 수 있는 중립적인 것으로 써야 하며 이미 결론이 내려진 듯한 목차를 쓰는 것은 부적절하다.

각 로마자 목차의 하위구성을 살펴보면, 1.은 「1.문제점」이라고 쓰고, 그 단락에서 무엇이 문제되고, 바로 앞 단락과의 연관성을 간략하게 밝혀주는 것이 좋다. 2.와 3.등은 학설, 판례를 쓰고, 그 하위목차에 (1)등으로 학설명과 판례를 적어준다. 학설이나 판례의 논거가 여러 개일 때 ①과 같은 번호를 붙여주면 눈에 잘 들어온다. 그 후, 「4. 검토 및 사안의 경우」라고 쓴 뒤 이 부분을 풍부하게 써 준다. 최종 결론에 해당하는 목차는 앞부분을 간략히 요약하고, 시간이 없더라도 간략하게 나마 덧붙여 주는 것이 좋다. 목차 구성의 예(민법의 경우)는 다음과 같다.

Ⅰ. 問題의 所在
Ⅱ. 갑의 을에 대한 청구권
  1. 問題點
  2. 學說
  3. 判例
  4. 검토 및 사안의 경우
Ⅲ. Ⅳ. Ⅴ.
Ⅵ. 結論

위의 목차중에는 한자로 쓴 목차가 있다. 나의 경험인데, 위의 경우처럼 목차를 한자로 썼던 경우 이상하게도 점수가 예상보다 약간 잘나오는 경향이 있었다. 심지어 과락을 걱정했던 과목들도 이상없이 면과락을 하였다. 아마도 가독성 측면에서 좋은 인상을 주었기 때문이라고 생각한다.

목차 중에서 가장 중요한 부분은 도입부문, 즉「문제의 소재」또는「문제점」이고, 그 다음으로 중요한 것이「검토 및 사안의 경우」이다. 이 부분들은 수험생의 지식 수준에 대해 예단을 갖게 만들기 때문이다.

「문제의 소재」는 문제에 대한 해석과 답안지에 전개될 쟁점이 정리되어야 한다. 내가 흔히 범했던 실수중 하나는 문제에 대한 해석을 전혀 하지 않고서 바로 쟁점만을 나열했던 것이다. 예를 들어 민법 사례형 문제의 경우, 우선 설문에서 각 당사자의 법적지위를 검토하고, 청구권 행사의 허부를 쟁점으로 기술해야 하는데, "당사자의 법적지위"를 완전히 누락했던 경우가 지난 몇 년간 있었다. 다른 법률의 경우에도 여러 가지 방법으로 문제를 해석한 뒤에 쟁점에 접근해야 되는데 이는 교수저의 사례집을 보면서 그 기법을 연구하기 바란다. 통상 문제지에 기재된 순서대로 해석을 하는 것이 타당할 것이다.

두 번째로 이러한 쟁점이 왜 문제가 되는지 반드시 기재해야 한다. 상법의 경우에는 민법에도 유사한 규정이 있는데, 왜 상법이 특별히 그러한 규정을 두어 규율하고 있는지 반드시 언급해야 할 것이다. 형사소송법의 경우에는 헌법과의 연관성을 지적해야 할 것이라고 생각된다.

이처럼 「문제의 소재」에는 당사자의 법적지위 결정(해석과 포섭이 동시에 이루어지게 쓰는 것을 말함, 김형배 사례집 참조), 제도의 취지, 쟁점의 정리 등이 들어가야 보다 좋은 점수를 받았던 것 같다.

「문제점」에는 특정 제도 또는 권리의 법적성질이나, 요건, 절차, 효과, 구제방법 등에 대한 쟁점이 포함되어야 한다.

이때는 최대한 압축해서 기술해야 하는데, 사안중에서 쟁점이 되지 않는 위 요건 등에 대해 간략히 포섭하여 기술되어야 한다고 본다(이 경우도 해석과 포섭이 동시에 이루어진다). 예를 들면, 채권자 취소권의 행사요건 중 전득자의 선악이 문제된다면, 다른 요건이나 절차에 대해서는 ①②③ 등의 번호를 사용하여 문제가 되지 않는다는 점을 적시해야 한다. 왜냐하면 시간상, 지면상의 제한으로 인해 요건 등을 별도의 항목으로 기술할 여유가 없기 때문이다. 즉, 교과서의 경우처럼 요건과 효과를 주구장창 쓸 수는 없을 것이다. 어느 교수님의 말씀처럼, 좋은 점수를 받기 위해서는 논점이나 내용을 누락하지 않고 많은 내용을 터치하는 것, 즉 큰 거 한방보다는 「잽」을 많이 날려야 한다.

수험생중에는 학설을 풍성하게 쓰려고 논거를 달달 외우는 사람이 있는데, 실제 시험장에서 그 많은 논거를 다 적시할 수는 없기 때문에 쓸데없는 고생을 하고 있는 것이라 말해주고 싶다. 학설간의 차이를 명확히 구별하게 만드는 한두개의 논거이면 충분하다. 평상시에 공부할 때부터 학설명칭은 두문자를 만들어서 암기하고(실제 대부분의 학설은 적극설, 소극설, 절충설이기에 특이한 명칭의 학설들만 암기하면 될 것이다) 이런 논거들은 요약하여서 기본서에 기재해 두면 된다.

답안에 판례를 쓸 때에는 "大法院은" 또는 "헌재는"이라고 시작한 뒤 "○○의 사안에서" "□□을 이유로" "△△라고 하였다." 정도로 기재하면 된다. 나는 잘 모르는 경우, 그냥 "판례는 적극설이다."라고 기재한 경우가 많았는데, 채점위원은 점수를 주는 데에 별로 적극적이지 않았던 것 같다.

판례를 정확하게 기재하는 것은 고득점을 하기 위한 필수적인 요소이다. 학설은 노력에 비해 점수 효율이 높지 않다. 왜냐하면 암기해야 될 논거들이 방대하기 때문이다(물론 그 많은 논거들을 다 적는다는 것은 다른 점수를 포기하는 행위이다). 그러나 판례는 비교적 적은 답안분량과 시간의 투자에도 불구 정확히만 기재해 준다면 깜짝 놀랄만한 점수를 선물해 준다.

「검토 및 사안의 경우」는 사안을 포섭하는 과정이다. 법률과목을 공부하다 보면 여러 가지 경우의 수를 검토해야 되는 경우가 많다. 즉, '검토' 항목에서 하나의 학설 또는 판례의 태도를 따랐다고 하더라도, 사안의 경우에서는 각각의 학설 및 판례에 따른 결론을 적시할 필요가 있을 때도 있다. 특히 특정 학설에 따를 경우 추가적으로 여러 가지 쟁점이 등장하는 경우가 있는데(이런 경우에는 통상 별도의 큰목차에 '보론(◇◇학설을 따를 경우)'이라고 기술한다), '경우의 수'를 검토하지 않을 경우 이에 대한 배점을 통으로 놓치는 사태가 발생한다. 어쨌든 최종적인 사안포섭은 조금은 꼼꼼하고 풍성하게 해 주면 좋다. 여기서는 문제에서 제시된 핵심단어를 활용하여 작성하면 사안토섭이 풍부한 것처럼 보여진다.

마지막 「결론」 부분은 앞 부분의 요약에 불과하다. 앞의 기술내용이 정답이라면 배점을 갖고 갈 것이고, 오답이라면 다소 깎이지 않을까 싶다. 결론을 쓸 즈음에는 시간이 거의 남아 있지 않는 상태인데, 급하다고 날려쓰지 말고 글씨에 신경쓰면서 잘 쓰는 편이 좋다.

나는 논술형 답안지를 통상 두가지 방법으로 채점하였다.

ABCD 등급으로 분류해서 각 등급별 답안지에 가점 및 감점을 하는 방법과 체크표시(✔, 일명 갈매기) 또는 점수로 감점을 해 나가면서 채점하는 방법이 그것이다. 전자의 경우는 빈 A4박스를 준비해서 답안지를 분류했는데, 한번 C급 답안지 박스에 들어가면 A급 답안지 박스의 답안지보다 좋은 평가를 받을 수 없었다. 후자는 그런 스펙의 제한이 없었다. 수험생들이 두려워하는 것은 전자가 될 것이다. 득점에 있어서 넘을 수 없는 사차원의 벽이 생긴다는 것은 생각만 해도 끔찍한 일이다.

그렇다면 어떤 답안지들이 CD급 박스로 향하겠는가? 일견 형식면에서 조잡하기 그지없는 답안지는 그쪽으로 향할 가능성이 높다. "나는 초시다!" 라고 광고를 하는 답안지로 글씨와 양식이 아주 이상한 경우가 그렇다. 보기 좋은 음식이 맛있어 보인다. 보기 좋다는 것과 음식맛은 전혀 별개인데 말이다.

따라서 수험생들은 보기 좋은 글씨로 통상 사용되는 양식에 맞춰서 답안을 작성해야 할 것이다.

사람들은 정보를 취득할 때에 자신이 보고 싶고 알고 싶은 것들만 취하려는 경향이 있다. 그 예로, TV를 보더라도 재미나 흥미가 없으면 채널을 돌리게 된다. 또, 스토리가 지루하게 늘어진다면 별로 마음에 들지 않는다. 회사에서 CEO에게 어떤 사항을 문서로 보고할 때에는 핵심 쟁점위주 "원페이지 프로포절(One page proposal)"의 보고서를 작성하겠다는 각오로 접근해야지, 수백장짜리 보고서를 들고 가서 하루종일 브리핑하겠다는 생각으로 접근한다면 조만간 도태대상 1순위가 될 것을 걱정해야 된다. 우리가 영화를 볼 때에 통상 재미가 있다고 하는 영화들은 공통적으로 "복선과 반전"을 잘 깔아 놓은 영화들이다. 복선이 없이 갑자기 황당한 결론에 도달한 다면 극장문을 나서면서 실소를 금치 못하게 된다. 반전의 경우에도 뻔하다고 할 정도로 누구나 예상할 수 있는 반전은 별로 감동을 주지 못한다. 채점위원들은 컴퓨터가 아니다. 그분들도 사람이며 해당분야에서의 고도의 전문지식 뿐만 아니라 지혜 또한 넘치시는 분들일 것이다. 이런 분들에게 우리의 답안지를 제출하려고 한다면 어떤 식으로 답안을 작성할 것인지늘 고민하는 것이 수험생이라는 신분을 탈출하는 데에 열쇠가 될 것이다.

나의 2차시험 점수와 분석

나는 이 책을 작성하면서 모든 것을 내가 느끼고 경험한 것과 일치하게 이야기하기로 마음먹었다. 일단 앞에서 6년여 동안 수험생활을 하였다는 것을 말하였고, 지금 내 2차시험 점수를 공개하겠다.

· 성적확인   · HOME > 합격·성적확인 > **성적확인**

사법시험 및 군법무관임용시험 제2차시험의 과목별 성적의 세부산출방법은 사법시험법시행규칙 제7조의 2에 규정되어 있습니다.

성적조회결과

성명		심우찬
주민등록번호		
응시번호		11108297

헌법	행정법	상법	민법	민사소송법	형법	형사소송법
44.36	46.35	47.70	80.62	46.38	43.05	52.96

내가 이렇게 하는 이유는 앞서 언급한 「자기방어기재」로 인해 합격생들 중에 상당수가 자신의 수험생활 과정과 결과를 과장하기 때문이다. 이러한 "과장된 영웅담"은 수험생들이

타고 올라갈 사다리를 걷어차는 효과를 불러올 수도 있다. 나는 현재의 수험생들이 나 정도만 하면 합격할 수 있다는 자신감을 갖게 해 주고 싶다. 다시 한번 말하지만, 나는 그다지 비범한 사람은 아니다.

나는 올해 2차시험을 준비하면서 모의고사를 단 한문제도 제대로 연습해보지 못했다. 기본서를 한번 훑어보고, 사례집 지문을 읽은 뒤에 머릿속으로 답안지 작성 연습을 해보는 것에도 시간이 부족해서 고생을 하였다. 성적을 보면 첫날 과목들이 꽤 저조한데, 1년전의 답안작성 경험으로 답안을 작성했기 때문에 그럴 것으로 생각된다.

50회 사법시험 2차시험의 커트라인은 총점 353.74점(평균 47.16점)이었다. 7과목 중에 점수가 커트라인을 넘은 과목은 상법, 형사소송법, 민법 등 3과목에 불과하고, 나머지 과반수를 넘는 4과목이 커트라인에 미치지 못했다.

사견(私見)으로 커트라인대의 점수는 각 과목별로 상위 30%정도 수준의 점수가 될 것이라고 생각한다. 2차 시험의 합격률은 응시자의 20%정도이므로 매 과목별로 상위 30%정도 이내에 든다면 합격할 수가 있다.

흔히들 2차시험에 합격하려면 홈런을 치는 과목이 2개 정도 나와야 한다고 한다. 그런데 본인의 생각과 실제 점수는 문제의 난이도와 여러 가지 요인으로 인해 약간의 괴리가 발생한다. 어떤 수험생들은 자신이 잘한다고 생각하는 특정 과목을 전략과목이라 하여 우습게 보기도 하는데, 이런 수험생들 중에는 그러한 전략과목에서 과락을 맞는 경우가 종종 발생하기도 한다. 홈런 과목은 자신이 불안하다고 생각해서 특단의 노력을 기울인 과목에서 나온다. 올해 3일차에서 내가 좀 한다고 생각했던 형법은 의외로 점수가 나빴으며, 불안해하면서 밤을 세워가며 뒤적였던 형사소송법은 3루타급이 나온 것을 보면 그렇다.

나는 올해 2차시험 결과를 분석하면서 앞서 언급한 답안작성요령이 실전에서도 적합했음을 확신하게 되었다. 이하 내가 분석한 내용을 말하겠다.

올해 헌법 문제는 수험가에서 예상되던 문제가 출제되었다.

나는 수험정보가 전무했지만, 가끔 뉴스를 보면서 그러한 사회적 이슈의 법률적 문제를 고민해 본 적이 있기에 시험에 출제된 "집회의 자유" 라던지, "권한쟁의심판의 당사자능력" (이 문제는 「고시계」 와 「법률신문」 에서 다뤄진 바가 있다.)은 말 그대로 달달 외우고 시험을 치뤘다. 시험후 채점 결과, 별다른 논점누락이 없다고 생각했는데, 의외로 성적을 보면 수험생들 중에서 대략 40~50% 정도 한 것 같다. 그 이유는 소위(所爲) 학원식의 천편일률적인 답안을 작성했고, 1년 만에 처음으로 규정된 시간 내에 답안지를 작성해본 것이라서 남들보다 답안 작성 요령이 우수하지 못했기 때문이라고 생각한다.

행정법의 경우에도 답안 양식면에서 많이 부족하였다. 핵심 논점 보다는 쓸데없는 잡설을 많이 기술하였는데, 이로 인해 시간도 부족하였고 뒷부분으로 갈수록 학설과 판례, 검토의 단락구별을 제대로 못하는 실수(이른바 「줄처리」 라고 한다)

를 하였다.

상법의 경우에는, 비교적 난이도가 낮았던 1문과 2-1문의 (1)(2)을 제외하고 2-1의 (3)과 2-2는 완전히 개념 없는 내용을 서술하였다. 그럼에도 불구하고 썩 잘본 것은 아니지만 커트라인을 넘기게 되었는데, 이는 1문 문제제기를 잘했기 때문이라 생각된다. 1문의 「I. 문제의 소재」에서 민법상 책임을 추궁할 수도 있음에도 상법에서 별도로 규정한 이유를 기술하고, 법적지위와 쟁점정리를 잘 했는데 이것이 주효했다.

민소법은 제대로 파고들 시간이 없었기에 방어모드로 나갔다. 수년째 그래왔지만, 오로지 이창환 민소사례집 한권만 보고 시험장에 들어가서 논점만 터치하고 나오는 식이었다. 그래도 논점 누락 없이 꽤 잘보았다고 생각했는데, 문제의 난이도가 낮은 편이였고, 문제제기 부분에서 쟁점 나열식으로 정리했기에 점수가 별로 좋지 않은 듯싶다. 쉬운 문제가 출제되면 남들과 달라보이기 위해 고민한 흔적을 답안지에 드러내야 한다. 그래야 고득점을 할 수 있다.

형법의 경우는 꽤나 기대를 했었는데, 성적이 저조하게 나왔다. 기본3법의 경우 초시생들도 웬만큼 답안작성이 가능하다. 따라서 재시를 보면서 우수한 성적을 받기 위해서는 각고의 노력이 필요하다. 작년에는 형법에서 51점을 받았지만, 올해는 답안작성 양식에서 실수를 많이 하였다. 분량조절을 제대로 하지 못하여 '줄처리'를 많이 하였는데, 답안지 제출시에 내가 봐도 양이 많다는 것을 제외하고는 눈에 잘 들어오지 않았다. 양식과 글씨가 부족하면 일단 점수가 저조하다는 것을 절실히 느꼈다.

형소법의 경우에는 난이도가 꽤 높은 편이었으나, 올해 초 출간된 정웅석·백승민저 사례집으로 대비했기 때문에 의외의 점수를 받은 것 같다. 수년의 경험에 비춰보면 형소법은 판례를 잘 적시하면 높은 점수를 주는 경향이 있다.

민법의 경우에는 아주 잘 보지는 못했지만, 앞서 언급한 문제제기 방식으로 학설과 판례를 적절히 언급해 주어서 약간 높은 점수가 나온 듯싶다. 올해 민법에서 많은 수험생들이 1문을 잘못 해석하여 실수를 많이 한 것으로 안다. 그 덕분에 많은 논점을 누락했음에도 상대적으로 점수가 높았던 것 같다.

내 점수를 보면 알겠지만, 커트라인에서 불과 7점을 조금 넘게 받았을 뿐인데 그 사이에 300명 정도가 있었다. 3년동안 마(魔)의 4점벽을 넘지 못해 고생했는데, 합격하고서도 '답안지에 큰 실수라도 했으면 큰일날뻔 했다' 는 생각에 자다가도 벌떡 일어나게 된다. 2차시험을 보는 5000명중에 절반 이상은 언제든지 붙을 정도의 실력이 될 것이다. 수치상 경쟁률은 5대1밖에 되지 않으나, 수험생이라면 누구든지 1년동안 목숨을 건 노력을 해 가면서 시험준비에 몰입하기에 그만큼 통과하기가 어려운 것이다.

혹자(或者)는 '합격자 중에 절반에도 끼지 못하는 성적인데, 부끄럽지도 않은가?' 라고 생각할 수도 있다. 그러나 나는 내가 처한 여건에서 수년동안 최선을 다했고, 내가 보는 2차시험은 100대 1의 경쟁률이라고 생각하면서 준비했기에 스스로 만족하고 있다. 여기서 시험의 종류가 문제되는 것은 아니다.

자신이 특정 자격시험에 대해 목표를 세우고, 어려운 여건을 이겨가면서 자격시험을 통과하여 그 목표를 달성하였다면, 그 성적이 1등이건 꼴찌건 간에 칭찬받아야 한다고 생각한다.

나는 시간적 여건이 불비하다는 점에서 시험준비기간 내내 상대적 박탈감을 느꼈다. ‘신림동 고시촌이나 대학 고시반의 수험생 생활은 어떨까?’ 라는 생각이 내 머릿속에 어른거리기라도 하는 날에는, 기(氣)가 꺾여서 공부를 할 엄두가 나지 않았다. 전투나 싸움에서 가장 중요한 것은 기세(氣勢)이다. 한 번 기(氣)가 꺾인다면 다시 그 기세를 세우는 데에 많은 시간과 노력이 필요하다. 그러한 기세는 오직 자기 마음으로만 다스릴 수 있다. ‘일체유심조(一切唯心造)’ 라 하지 않았던가? 남과 비교하지 말고, 자신이 처한 여건에서 최선을 다했는지 여부로 자신을 평가하기 바란다.

과락을 피하는 법

나는 5년동안 2차시험을 보면서 재시이후 과락점수를 한번도 받지 않았다. 총점은 상위 100등 이내에 포함될 정도의 실력자이나, 과락을 막는 요령을 몰라서 참으로 안타깝게 낙방하는 경우가 종종 있다. 그래서 내가 과락을 피하는 요령을 잠깐 언급하고자 한다.

일단 과락점수가 왜 발생하는지 이유부터 살펴봐야 한다.

과락은 통상 한 과목당 10% 내외가 발생하는 것 같다. 점수조정제도가 적용되는 현 사시2차시험에서도 동일할 것이다. 채점위원들이 어떤 답안지를 그 범위 내에 포함시키겠는가?

첫째, 답안지의 양식과 글씨에 성의가 전혀 없어 보이는 경우이다. 둘째, 답안지가 공란으로 되어 있는 경우이다. 이 경우에는 동정점수를 주고자 해도 줄 근거가 없기에 그대로 0점이 나가게 된다. 셋째, 실력도 없어보이는 답안지임에도 불구하고 학설이나 판례를 아무런 근거없이 또는 엉뚱한 논거를 대가면서 신랄(辛辣)하게 비판하는 경우이다. 나는 지금껏 시험을 치르면서 학설에 대해 감정이 실린 것처럼 느껴지는 비판을 해 본적이 없다. 목차의 제목도 "비판"이 아니라 "검토"가 아닌가? 간혹 대학자의 견해나 판례의 태도 중에는 신

진학자의 비판을 받는 것도 있다. 심지어는 학원강사로부터 비난을 받기도 한다. 이런 내용을 검토할 때에는 "모순", "부적당", "타당치 못하다"라는 정도로 순화시켜서 신중히 언급하는 것이 좋다. 수험생의 입장에서 학자의 이론을 이른바 "깍아 내리는 식"으로 비판한다면 채점자 입장에서 보기에 거북할 것이다. 만일 채점자의 이론이 굉장히 허술해 보이는 답안지에서 "비난의 십자포화"를 두들겨 맞고 있다면 과락 점수는 능히 예상해 볼만 하다. 참고로, 나는 이번 민법시험 3문에서 학설과 판례의 긍정적인 논거를 적시한 뒤에, 추가적으로 김형배교수님의 사례집에 실린 김교수님의 견해를 "아주 유력한 견해"라고 소개한 후 "이중에서 가장 훌륭한 것 같다"고 극찬을 늘어놓았다. 그 결과, 많은 논점누락에도 불구하고 성적이 좋았다.

과락은 어떻게 발생하는가? 1문의 50점짜리 문제만이라도 어느 정도 기술했다면 과락은 맞지 않는 것 같다. 1문의 50점짜리도 형편없고, 2문, 3문도 연달아서 콤보(Combo)로 작렬하는 경우에 과락이 발생한다. 기본3법은 생초시생들도 어느 정도 실력이 되기에 재시생들이 방심하다간 과락을 맞기가 쉽다. 후4법의 경우에는 10%정도의 초시생들이 바닥을 깔아주기에 정답을 잘 모른다고 하더라도 과락을 면하는 경우가 많다. 나는 2005년 47회에 행정법 시험에서 30점짜리 문제만 제대로 기술한 적이 있었다. 20점짜리 "과태료" 문제는 과징금으로 썼고, 50점짜리 1문은 '내가 지금 무슨 말을 쓰고 있는지'도 모를 정도로 횡설수설하다가 답안지를 제출하였다. 비록 총점 3점 부족으로 낙방하였지만, 놀랍게도 행정법은 42점이나 받았다.

그렇다면 어떻게 과락을 방지할 수가 있는가? 일단 문제지를 받아보고 문제를 1회독 한 후에 어느 문제부터 답안을 작성할 것인지 고민해야 된다. 1문에서 아예 감을 잡기가 어렵다면 일단은 보다 쉬운 2문부터 풀어나가야 한다. 이럴 경우, 운이 좋다면 2문의 목차를 잡고 답안을 기술하다가 우연히 1문의 쟁점이 떠오르는 수가 있다. 잘 모르더라도 우선 공란부터 채우고 보자는 심정으로 답안을 작성하다 보면 과락점수가 나오거나 아주 저조한 점수를 받게 된다.

어렵다고 생각된다면 글씨와 양식만이라고 깔끔하게 작성해야 된다. 외모가 출중한 사람들은 잘못을 저질로도 여러 사람들로부터 동정을 받는 경우가 종종 있다.(이런 말을 하면 싫어할 사람도 있지만, 살아보니 현실이 그렇다. 표현이 거슬린다면 양해해 주기 바란다.) 글씨와 양식은 답안지에 표출되는 여러분의 얼굴이다. 일단 선처를 받을 최소한의 조건을 충족해야 한다.

정 모르겠으면 공란은 피해야 한다. 그렇다고 답안지에 애국가를 쓰라는 얘기가 아니다. 수험생에게는 법전이라는 막강한 무기가 있다. 법조문과 대법원규칙만이라도 제대로 찾아 쓴다면 과락의 확률은 급격히 감소한다. 또, 공란을 막기 위한 방책으로 유사개념과 비교해가면서 쓰는 방법이 있다. 다소 구차하지만 어느 정도는 안전핀의 역할은 하는 것 같다.

아예 고득점을 포기하고 저인망식으로 다양한 법조문을 검토하는 것도 일책이다. 그러나 정말로 과락을 면할 만큼의 점수만 받는 것 같다.

고득점을 위한 요건이기도 한데, 답안 작성에 있어서 논리를 세우는 것도 좋은 대처방안이 될 것이다. 적법요건을 검토하고 본안요건에 들어가거나, 주장과 항변, 재항변식으로 답안의 순서를 정하거나, 또는 행정법의 경우에는 법률유보와 법률우위를 검토하는 것 등 법률가로서 기초가 되는 부분에 실수를 하지 않고 답안을 작성한다면 다수의 논점을 누락하더라도 최소한 기본은 되어있다는 생각에 과락점수는 면하는 것 같다.

무조건 과락은 막아야 한다. 만약 헌법에서 과락을 맞는다면 죽을 고생을 해 가면서 보았던 나머지 6법의 점수는 0점을 받은 수험생과 차이가 없다. 수석이나 차석을 노리는 수준의 수험생이 아니라면 과락방지에 대해서도 고민을 해야 한다.

학원진도 따라가기

사시 학원은 통상 주기별 계획을 세우고 반복학습과 모의고사를 진행한다. 내가 혼자 공부하면서도 합격할 수 있었던 원인 중에 하나가 학원 진도에 맞추어 공부를 했기 때문이라고 생각한다.

2차시험 준비는 동차기(예비순환), 1순환, 2순환, 3순환, 4순환, 최종정리 순으로 진행된다. 2순환은 통상 2차시험 합격자발표 직후에 시작되므로 초시 낙방생이 새로이 따라갈 수 있으며, 재시 낙방생이 다음해 1차에 합격하면 동차기 또는 3순환을 따라가게 된다.

예비순환은 먼저 후4법을 길게 정리하고 기본3법을 짧게 정리하는 방식으로 진행된다. 1차 시험에 처음 합격한 생초시생의 경우, 예비순환을 통해 후4법 기본서를 정리하면서 기초적인 개념을 익히고, 기본3법에 대해서는 사례형 문제에 적응하게 된다. 예전에는 1차시험후 휴식을 갖거나 비교적 여유를 갖고서 후4법을 1회독 하는 정도로 만족했고, 학생들도 1차시험을 합격했다는 우쭐한 마음에 별로 공부에 집중하는 분위기가 아니었다. 그러나 요즘은 1차시험의 가(假)정답이 시험당일에 공개되고 커트라인 예측도 어느 정도 가능하기 때문에 많은 수험생들이 생동차합격을 노리고 공부에 매진한다고 한다.

동차기에는 생동차를 위한 예비순환도 있지만 2차 유경험자를 위한 동차반이라는 프로그램도 있다. 나는 3시때 동차반인터넷 강의를 들었는데, 지금 돌이켜보면 후회되는 부분이 많다. 3시 정도 되면 후4법 과목에 대해서도 기본적인 바탕이 있으므로 차라리 2순환 또는 3순환을 듣는 편이 효율적이라고 본다.

사람들이 공부하는 스타일은 제각각인데, 처음부터 어려운 것을 하면 이해가 되지 않으니까 기초부터 차근차근 올라가는 것이 옳다고 생각하는 사람들이 많다. 그런데 기초만을 붙들고 오래 있어 봤자 실력은 별로 늘지 않을 것이다. 차라리 다소 어렵다고 하더라도 한번 부딪쳐 본다는 생각으로 시험에 적합한 상급과정을 겪어 보았을 때에 비로소 실력이 늘었다는 느낌이 들 것이다. 어린 아이들이 쉬운 것부터 "천천히" 배우는 이유는 공부에 흥미를 잃지 않게 하기 위함이지, 그들이 고급 학문을 전혀 습득할 수 없기 때문이 아니다. 기본서를 두세 번 읽어본다면 해당 법률을 이해할 수 있는 기초는 닦여진다.

그리고 요즘에는 우수한 강사들이 많이 있기에 초심자도 어려운 상급과정을 따라갈 수 있다. 「법학개론」을 백날 읽어보았자 법학 초심자와 다를 바가 없다. 합격이라는 목표를 정해 놓았다면 합격하기 위한 수준에 맞는 교육을 선택해야 된다.

학원에서는 전문 강사들이 이런 저런 쟁점들을 많이 찍어줄 것이다. 학원강의를 듣다보면 이런 지엽적인 쟁점과 판례에 집중하게 되어 전체를 크게 볼 수 있는 논리적 사고능력을 갖추는데 소홀하기 쉽다. 사고능력은 생각하는 연습을 통해 향상될 수 있고, 학원의 모의고사는 가장 훌륭한 연습수단이다.

수험생은 중요 쟁점과 판례를 정리, 이해, 암기함으로써 입체적으로 파악하여 자기 것으로 만들어 나가야 하며, 스스로 이런 과정을 거치지 않고 강사가 떠먹여 주는 논점들만 받아먹으려고 한다면, 강의 수강은 학원만 부자로 만들어주는 길이다.

모든 학원 강사들을 신뢰할 수는 없다. 매년 그러했지만 정체 불명의 강사들이 혜성과 같이 등장한다. 반면, 신림동의 터줏대감격인 강사들이 여러 명 있는데, 이 강사들은 가혹한 비판과 검증을 거쳐 사법시험에 어느 정도 도움이 되었다고 평가를 받는 사람들이다. 나는 수많은 강사의 인터넷 강의를 들어 보았는데, 안전하게 다수가 선택하는 기존의 강사를 선택하는 편이 좋았다. 지나고 생각하면「구관이 명관」이란 말이 괜히 있는 것은 아닌 듯하다. 단, 기존 강사가 수험시장에서 완전히 도태된 경우를 제외한다. 추가적으로, 사시 2차시험이 무엇인지 잘 알지도 못하는 강사에게 자신의 1년을 맡기지 말아야 한다. 이런 강사들의 특징은 2차시험 후 문제지가 공개되었음에도 불구하고 적시에 '모범답안'을 공개하지 않는다. 왜 그럴까 생각해볼 일이다.

모의고사는 반드시 보아야 한다. 그리고 모의고사를 치를 때에는 쟁점이나 판례를 나열하는 수준이 되어서는 안된다. 머릿속으로 논리를 구상하고 답안 양식을 연구하며 글씨 연습도 병행해 가면서 시간 내에 답안을 작성하는 연습을 하여야 한다. 그러나 너무 늦은 밤에 모의고사 또는 사례집을 집중해서 푸는 것은 지양해야 한다. 시험을 보면서 머릿속에 한차례 홍분(정확히 말하면 엄청난 속도의 머리회전)이 지나가면 너무 피곤해서 잠들기가 곤란해지기 때문이다. 만약 나처럼 공부할 시간이 정말 부족한 상황이라면, 최소한 머릿속으로 답안의 논리와 내용을 구상하고, 목차 정도를 답안지에 구성해 보는 연습은 해 보기 바란다. 1시간 분량의 모의고사를 20분 정도면 마칠 수 있을 것이다.

시험 직전이 되면 4·5순환 또는 최종정리 강의 등을 수강할 것인지 고민이 될 것이다. 각자 취향에 맞추어 선택할 일이지만, 혼자서 정리할 시간이 부족하다면 듣지 않아도 문제되지 않는다. 나의 경우에는 올해 학원강의를 하나도 수강하지 못했다. 혼자 고민하고 정리해서 답안지에 쓸 내용만 간추려서 공부했는데, 이러한 방법이 더욱 효과적이었다. 과거 경험에 비춰보면, 막판정리라고 나눠준 다량의 참고자료는 잘 외어지지도 않았고, 기존에 머릿속에 갖고 있던 기억 및 논리와 충돌해서 이미 알고 있는 내용까지 잠식했던 것 같다. 마지막에는 정리할 시간을 갖고 시험에 대한 감을 유지하는 것이 중요하지 새로이 이것저것을 챙기는 시간이 되어서는 안된다.

수험기간 중에는 불가피한 사유로 학원 진도를 따라가지 못하는 경우도 발생한다. 이럴 때에는 마음을 어떻게 먹는가가 가장 중요하다. 허둥대거나 무리하게 진도를 빼기 보다는, 스킵한 부분에 대해 차라리 다음 순환에 더욱 열심히 하거나 간략한 리마인드 수준으로 대처해야 한다.

마지막 관문, 최종정리

  2차시험의 최종정리도 1차시험과 마찬가지로 과목별 4일 - 2일 - 1일 또는 5일 - 2일 -1일의 순서로 진행된다. 2차시험은 공부해야 될 분량이 워낙 방대하므로 답안지에 쓸 수 있을 정도로 요약해서 기억하는 것이 중요하다. 특정 분야를 찍어서 공부할 수도 있으나, 그렇다고 기출이 되었거나 출제 비중이 낮은 분야를 무작정 스킵할 수도 없다. 특히 기출문제의 경우에는 최근 기출되었던 부분에서 반복적으로 출제되는 경향을 보이고 있다. 최근의 시험경향은 판례과 연관성 있게 출제되면서 수험생의 응용력을 테스트하는 경우가 많으니, 공부 방향도 평소부터 최신판례 위주로 연구하거나 응용문제들을 어떻게 해결할 것인지 위주로 고민해야 될 것이다.

  최종정리시 1일차 시험(헌법 및 행정법 시험) 직전의 2일 정도는 1일차를 준비할 시간으로 계획하여야 한다. 왜냐하면 계획과 달리 진도가 밀릴 수도 있고, 첫날 시험에서 잘 봐야 나머지 3일동안 공부할 맛이 나기 때문이다. 내 경험에 비춰보면, 최종정리 기간 중에는 통상 살인적인 공부분량에 의해 진도가 어쩔 수 없이 밀리게 된 적이 많았다. 이러한 경우 포기하지 않고 끝까지 책을 보겠다는 마음가짐이 중요하다.

수험생이라면 이 시기에는 누구나 다급한 마음이 앞서며, 누구나 힘든 상황에 직면한다. 포기하지 않고 끝까지 도전해서 '1000등 안에만 들면 된다' 는 생각으로 차분하게 공부하기 바란다.

최종정리의 마지막 순환을 1일으로 설정한 것은 책을 본 기억이 통상 7일 정도는 유지되기 때문이다. 그런데 공부과목을 시험을 보는 순서(헌 - 행 - 민소 - 상 - 형 - 형소 -민법)와 다르게 계획할 경우에는(예를 들어 민법을 제일 먼저 공부하는 경우) 민법시험을 보기 전날에 보는 민법 기본서는 2주만에 처음 보는 것이 된다. 따라서 최종정리기간에 돌입하면 공부패턴을 2차시험을 보는 순서와 동일하게 수정해야 할 것이다. 나는 학원진도와 상관없이 3순환때부터 순서를 조정하였는데, 오히려 이 방법이 더 나을 듯싶다.

직장이 있는 수험생이라면 시험 전전주 금요일 이후부터 마지막 최종정리만 제대로 해낼 수 있으면 승산이 있다고 생각하라. 나는 올해 2차시험 전주 월요일부터 휴가를 얻었다. 시험 3개월전에 아무리 열심히 했다고 해도 시험 직전에 포기하거나 나태해진다면 절대로 합격할 수 없다. 반대로 시험 준비의 여건이 불리했던 경우라도 막판정리를 제대로 한다면(추가하여 운이 좋게도 잘 아는 내용이 시험에 출제된다면) 승산이 있다.

독자가 한번이라도 재시를 치뤄봤다면 느껴봤겠지만, 이러한 최종정리의 시간은 정말로 힘들고 괴롭다. 성격도 예민해지고, '불합격하면 어쩌나?' 하는 생각에 밤잠도 설치게 된다. 어떤 사람은 "시험을 준비하는 과정이 너무도 힘들어서 다시는 시험을 안 볼 것"이라고 말하기도 한다. 나도 그랬다.

내가 4시를 보고 난 후, 붙건 떨어지건 정말로 너무 고생했고 다시는 올해 노력한 것 이상을 공부할 수 없으며 낙방한다면 사시를 접고 싶은 마음뿐이었다. 그런데 내가 이런 마음을 먹고 있으니까 하늘은 '정말 그럴까?' 하면서 다시 한번 나에게 더 큰 시련을 주셨다. 올해 시험준비 과정은 예년의 3년을 합친 것보다 더 고되고 힘들었다. 그런데 시험을 보고 나니 '올해 2차시험을 볼 수 있는 기회가 있었던 것만으로도 참 다행이다' 라는 생각이 들었다. 그러니까 이제는 충분한지 합격을 하였다.

3박4일간의 2차시험 여행 출발

    2차시험은 4일간 치뤄진다. 시험은 6월 중순경에 실시되며, 날씨도 다소 덥고 보통의 수험생이라면 하루에 3시간 내외 밖에 잠을 못 자기에 체력적으로도 많이 힘들다는 느낌이 들 것이다.

    나는 사법시험이 참 공정하다는 생각이 든다. 학벌과 외모, 가문, 경제력, 나이 등을 전혀 고려하지 않고 오로지 답안지에 의해서만 평가를 하는 시스템이다. 누구든지 사법시험을 치를 자격만 있다면 1차시험을 통과하여 2차시험에서 근사한 답안지를 제출함으로써 합격할 수 있고, 그 후에는 법조인으로서 살아갈 수 있다. 이런 시험시스템은 그 자체로 만인 앞에 평등한 법의 정신을 구현하는 것 같다. 추가적으로 마음에 드는 점은 2차 시험의 경우에 무슨 일이 있던지 간에 적어도 1000명 내외의 수험생은 합격한다는 것이다(물론 앞으로는 로스쿨 때문에 계속 줄어들 전망이다). 만약 절대평가로 인원을 선발한다면 자신이 남들보다 잘했다고 하더라도 합격선에 이르지 못하면 수험생 처지에서 벗어날 수 없으나, 상대평가이므로 자기가 경쟁자 4명만 제치면 합격할 수 있는 것이다(물론 실제로 체감하는 정도는 4명이 아니라 4000명을 제치는 느낌일 것이다).

　시험에서 남들보다 좋은 평가를 받기 위해서는 평소부터 준비와 연습, 훈련이 되어있어야 한다. 가장 중요한 시험기간 4일을 위해 평소부터 이미지트레이닝을 해야 하며, 학원 모의고사를 보면서 여러 가지 상황에 부딪혀야 한다. 그리고 더운 초여름 날씨에 하루 3시간 내외의 짧은 수면을 하면서 매일 최소한 기본서 2권을 훑고 시험장에 들어간다는 것을 고려한다면 체력이 강해야 하고 시험기간중 체력유지방법에 대해서도 생각해 보아야 한다.

　2차 시험이 치러지는 장소로는 중앙대, 고려대, 한양대, 연세대, 건국대(새로 추가되었다) 등 5개 대학이 있다. 어느 대학에서 시험을 치르는가는 합격에도 다소 영향을 미친다. 지금은 한양대도 시설을 전면적으로 개선하였다고 하지만, 내가 05년도에 한양대에서 시험을 볼 때에는 의자와 책상이 일체형이었다(지금도 그렇다고 한다). 즉 체형에 맞게 의자를 당겨 앉을 수도 없었으며, 답안지에 글을 쓰면 책상이 흔들거려서 매 과목 시험이 끝나면 머리가 어지러웠다. 당연히 컨디션이 급격히 저하될 수 밖에 없었다. 그 후, 중앙대와 고려대에서 시험을 보았는데, 고려대가 가장 좋았던 것 같다. 고려대는 시설면에서 아마 우리나라 최상급 학교 중에 속할 것이다. 시험장도 교정 깊숙이 있어 매우 조용했고 분위기도 차분했다. 나는 태능에 있는 육사에서 시험을 보러 갔기에 고려대를 선택한 것이었지만, 여건이 되는 수험생은 고려대에서 시험보는 것도 괜찮을 듯싶다.

사견(私見)으로 2차시험은 실력이 별로 없는 사람들과 함께 보는 게 좋다고 생각한다. 신림동 고시촌에는 사시 고수들이 많이 몰려있다. 이 사람들은 대부분 가까운 중앙대에서 시험을 보려고 노력한다. 채점자가 중앙대에서 수거된 답안지 뭉치를 채점할 때에는 계속 우수한 답안지만 보게 될 것이다.

따라서 보통 사람이 중앙대에서 시험을 볼 경우에는 자기가 답안지를 잘 썼다고 해도 가점은 받을 수 없고 실수라도 했으면 크게 감점을 당할 우려가 있다. 반대로 작년과 올해처럼 신림동에서 버스가 몇 대 오지 않았던 고려대의 경우에는 한눈에 생초시임을 짐작할 만한 사람들이 많이 있었는데, 이런 곳에서 시험을 본다면 최소한 상대적으로 불이익을 당할 확률이 줄어들 것이라 생각한다. 혹자(或者)는 답안지를 전부 수거한 후 모두 섞어서 채점용으로 복사를 하기 때문에 어느 학교에서 시험을 봤는지는 채점에 전혀 영향을 끼치지 않는다고도 말한다. 공무원들이 그런 수고를 해 줄지는 잘 모르겠지만, 어쨌든 시험장에서 남들보다 잘 보았다는 느낌이 든다면 자신감 유지에 도움이 되니 내 생각이 꼭 틀린 것만은 아닐 것이다.

1차시험도 마찬가지지만, 시험장을 오고가는 교통편도 미리 알아보는 것이 좋다. 신림동에서는 택시를 대절하거나 전세버스를 타고 오는 편이 좋으며, 나의 경우에는 모두 택시를 대절하였다. 처음에는 잘 몰라서 모범택시를 대절하였는데, 모범택시 조합에서 담합행위를 하는 것인지 가격을 터무니 없이 높게 불렀다. 3시 이후에는 2차시험 1주일쯤 전에 숙소 부근에 돌아다니는 개인택시를 잡아서 택시기사 아저씨와 개별적으로 흥정하였는데, 모범택시보다 훨씬 저렴했고 이용에 불편이 없었다.

시험볼 때의 준비물로는 수험표, 신분증, 긴팔 상의, 도시락, 생수, 휴지, 세면 및 양치도구, 필기구, 탁상용 전자시계, 기본서 등이 있다. 학교마다 차이가 있지만, 냉방시설이 너무 세게 가동되어서 추운 교실이 있는데 이에 대비하여 긴팔 상의를 준비할 것을 권한다. 또, 교실 시계가 잘 안보이거나, 손목시계를 볼 여유가 없을 수도 있으니 탁상용 소형 전자시계를 마련해 갈 것을 권한다. 전자시계가 아닐 경우 째깍거리는 소리에 신경이 거슬릴 것이다.

시험전날 최종정리는 눈으로 사진을 찍는다는 생각으로 평소 보았던 자료들을 확인해 나가는 과정이다. 내가 하루에 2~3시간밖에 잠을 못잔 이유는 평상시에 준비가 부족해서 시험전날까지 암기에 몰두했기 때문이었다. 평소 준비가 잘 된 수험생이라면 갖고 있는 자료를 전부 보더라도 5시간 정도의 수면시간은 확보할 수 있다. 자료들을 한번씩 훑어보면서 정리를 한 후에는 자신이 보았던 자료들을 기억할 수 있다고 생각하면서 편안히 잠자리에 들면 된다. 괜히 불안해 할 필요는 없다.

어떤 사람들은 최종정리기간부터는 양을 줄여가는 공부를 해야 한다면서 자신이 보아왔던 자료들을 내다 버리라고 충고하는 경우도 있다. 물론 시험에 출제될 가능성이 희박한 3순환 이후의 모의고사자료들은 그렇게 해도 된다. 그러나, 시험 직전에 한번 보고 들어간 것과 그렇지 못한 것들은 차이가 있다.

사례문제의 경우에도 1분만 훑어보면 자신이 어떤 방식으로 문제를 풀었는지 기억이 난다. 따라서 자료를 버리는 일은 시험후에 해도 늦지 않으며, 잘 정리된 기본서와 1~2권의 사례집, 앞서 언급한 고시계와 같은 주요 참고자료들은 시험장까지 들고 가는 편이 낫다고 본다.

시험장 교실은 8시부터 개방한다. 러시아워를 고려해서 일찍 도착하는 편이 좋으며, 반드시 아침을 든든히 먹고 가기를 권한다. 배고픈 상태에서 시험을 보는 것보다는 잘 먹고 오는 편이 낫다. 시험장에 도착하면 자기 자리에 앉아 무조건 기본서와 참고자료를 꺼내서 읽기 시작한다.

시험시간 2시간 동안은 교실 밖으로 나갈 수가 없다. 따라서 아침식사는 평상시 먹어왔던 부류로만 해결해야 한다. 갑자기 안먹던 우유를 먹는다던지, 컵라면 따위를 먹는다던지 하면 배에 탈이 날 수 있는데, 정말로 큰 낭패가 아닐 수 없다.

그런데 용변 따위의 문제로 크게 걱정할 필요는 없다. 모든 정신이 시험에 집중되다 보면 몸이 스스로 그런 생리적 욕구를 엄청나게 감소시켜서 2시간정도는 아무 일 없이 지나가게 될 것이다. 치매 노인용 기저귀를 준비하는 것은 오버이다.

9시 20분정도가 되면 시험감독관이 교실에 들어와 통제를 시작하고 안내방송이 나가기 시작하는데, 분위기가 다소 어수선해진다. 이때에는 책상위에 시험볼 준비(수험표와 신분증, 필기도구, 책상용 시계를 책상위에 두고, 책상 우측 아래에는 여행용 티슈와 생수통을 놓는다)를 해 놓고, 나머지는 교실 앞에 제출한 후 자신이 마지막까지 붙들고 볼 기본서 따위를 들고 교실 밖으로 나간다. 자료를 한참동안 보고 있으면 복도에서 교실로 들어가라는 통제를 한다. 이때에는 교실에 들어와서 자료를 또 읽으면 된다. 마지막으로 교실 시험감독관이 자료를 앞으로 내어 놓으라고 하는데, 이때에는 반드시 따라줘야 한다. 어떤 사람들은 이렇게 행동하는 것을 추잡하다고 생각할 지도 모르겠으나, 나는 이러한 행동을 "근성"이라고 생각한다. 한글자라도 더 보고 들어가는 편이 유리하며, 그렇다고 규정에 위배되는 것도 아니므로 문제될 것이 없다.

답안지를 받으면 상단에 해당 과목명을 기재하고 수험번호와 이름을 기재한다.(답안지는 모의고사 답안지와 유사하다)

간혹 1문과 2문의 답안지를 바꿔 쓰는 경우가 있다. 당황하지 말고 감독관에게 말하여 확인만 받으면 별 문제가 안될 것이다.

답안지에 인적사항 기재가 끝나면 대략 5분정도 남는다. 이때에는 법전에 표시를 시작한다. 일단 해당 법이 시작되는 면의 앞면을 반을 접어준다. 그리고 행정법이나 헌법처럼 이법저법을 오고가야 한다면 그 부분도 모서리부분을 접어줘서 쉽게 열어볼 수 있도록 한다.(현행 규정상 나중에 법전을 참고하기 위해 플래그 따위를 붙이는 것은 부정행위로 간주한다. 단 플라스틱 자 - 고시서점에서 나눠준 것 -를 사용하는 데에는 특별한 제재가 없으니 책갈피로 사용해도 별 문제가 없을 듯하다. 단, 사전에 감독관에게 확인하기 바란다.) 특별법도 있고 규칙도 있다는 것을 잊어서는 안된다. 법령의 맨 앞에는 차례가 있다는 것을 상기한다. 시험중에 기재가 필요한 법조문

은 나중에 찾기 편하게 노란색 형광펜으로 표시한다. 답안지
에 해당 법조문을 기재하는 것은 기본중의 기본이고, 점수가
그대로 나가게 되는 부분이다. 보통의 수험생은 법조문을 기
재하기 때문에 자기가 그런 데에서 실수를 한다면 상대적으로
불이익이 크다. 법전은 최고의 무기임을 항상 기억해야 한다.

2차시험과 같은 논술형 문제를 푸는 방법은 크게 두가지 종
류로 나눌 수 있다. 통상 사용하는 방법으로, 1문과 2문의 목
차 구성에 20~25분 정도를 사용하고서 나머지를 답안작성에
투자하는 방법과, 아예 목차를 잡지 않고서 1문항당 1시간씩
사용하는 방법이다. 작년도 수석합격생이 후자의 방법을 사용
했다고 해서 화제가 되기도 하였다. 나는 전자의 경우만 경험
하다가 올해 민법 1문에서 어쩔 수 없이 후자의 경우를 적용하
였다. 한번도 그렇게 안해본 사람들은 '어떻게 목차도 구성하
지 않고 답안을 작성할 수 있는가?' 의문이 들겠지만, 문제지
에서 식별된 쟁점들을 표시한 후, 머릿속으로 어떻게 목차를
구성할 지 고민한 다음에 답안을 작성해 나가면 목차를 작성
한 경우와 별반 차이가 없을 수도 있다. 내가 작성한 민법 1문
답안도 나중에 법률저널에 올라온 모범답안과 비교해 보았을
때에 크게 부족함이 없었고, 민법 점수가 잘 나온 것을 보아도
그렇다. 다만 머릿속으로만 답안구상을 할 경우 번개같이 지
나가는 논점들을 정작 답안을 쓸 때에 누락하는 경우가 있는
데, 이를 막기 위해 문제지에 어느 정도 표시를 해 두어야 한
다.

점심식사는 탄수화물 위주로 섭취하는 편이 좋다. 내 경험

에는 밥을 잘 먹을수록 점수가 잘 나왔던 것 같다. 책을 보겠다고 아예 굶거나 밥을 조금만 먹고 도시락 뚜껑을 덮는 경우가 많은데, 상당히 배가 고플 뿐만 아니라, 머리회전의 속도가 저하될 수 있다. 예전에는 시험볼 때 배가 고프면 초콜렛을 먹었는데, 초콜렛에는 카페인이 들어 있어서 너무 많이 섭취하면 오히려 집중에 방해가 될 뿐만 아니라 체내 밸런스가 깨져서 시험에 방해가 되었던 것 같다. 조금씩 뭘 먹으면서 시험을 치르는 것 자체가 집중력을 저하시킬 수도 있다. 어쨌든 점심식사 후에는 간단히 커피를 한잔 하고 바로 책을 보면 된다.

지난 시간의 문제를 떠올리는 것은 불필요한 일이다.

매년 1일차 시험의 출제유형은 그해 시험이 어떤 방식으로 출제될 것인지를 가리키는 나침반이 된다. 매년 7법의 문제형식은 대부분 비슷하다. 그 이유는 시험출제 감독기관의 지침에 따라 문제가 출제되기 때문일 것이다. 몇년전에는 짧은 지문의 사례와 단문이 50%씩 동일 비율로 출제되었는데, 06년부터인가 단문이 사라지고, 긴 지문의 사례형으로 전면적으로 전환되던 적이 있다. 만약 06년도 1일차 시험에서 앞으로 나올 시험의 유형을 간파하였다면(물론 사전에 시험유형에 대해 말이 돌았지만 공부하느라 그러한 정보를 접하지 못한 경우) 2일차 이후의 시험에 대해서는 심적 물적으로 충분히 대비하여 좋은 성적을 거둘 수 있었을 것이다. 어쨌든 1일차 시험의 유형을 검토해서 2일차 이후의 시험에 대비해야 한다.

2차시험은 4일동안이나 보기 때문에 컨디션의 유지가 중요하다. 앞서 말했듯 담배는 절대로 피우지 말아야 하며, 비타민 제재를 복용하고, 졸릴 때에는 홍삼엑기스를 섭취할 것을 권한다. 시험을 보고 집에 돌아오면 상당히 피곤하고 땀도 많이 흘렸을 것이므로 일단 샤워부터 해서 컨디션을 끌어올리기 바란다. 저녁식사는 소고기 로스와 같이 양질의 단백질 식품으로 배를 채워서 체력유지에 힘써야 한다. 혹자는 음식으로 체력이 보강될 수 있는지 의문을 가질 수 있으나, 차범근 감독이 독일에서 선수생활을 하면서 처음에는 힘에 부쳤는데, 매일 소고기를 한 벽돌 분량을 먹었더니 견딜만 했다는 일화도 있는 것을 보면 과학적 근거가 전혀 없는 것은 아니다.

시험 전까지 갖고 있는 자료들을 정리하다 보면 수면시간이 3시간 이내로 줄어들 수도 있다. 나도 시험기간에는 4일간 10시간 안팎 정도 밖에 잠을 못잔 것같다. 이처럼 수면시간이 급격히 감소되면 3일차 정도에 두통이 심해지고, 온몸이 떨리면서 식은땀이 비오듯 쏟아지는 이상증세가 발생하기도 한다(내가 예년에 체력이 약했던 경우 그랬는데, 올해는 꾸준히 달리기를 해서 그런지 이런 불상사는 없었다). 이에 대비해서 약국에서 미리 타이레놀 계통의 진통제를 준비하는 것도 필요하다. 이런 종류의 두통은 진통제 한두알로 충분히 다스릴 수 있다.

시험은 마지막까지 최선을 다해야 한다. 긴장이 확 풀리게 되는 시기가 4일차 오후인데, 사실상 많은 수험생이 4일차 오후의 민법 50점에서 당락이 갈린다고 해도 과언이 아니다. 왜냐하면 4일차 오전에 대부분 민법을 한번씩 훑어보고 시험을 치뤄봤기 때문에 점심을 먹고서 '굳이 책을 볼 필요가 있을

까?’ 란 의문이 들 정도로 의지가 박약해지기 때문이다. 시험 직전까지 복도에 남아서 책을 읽는 사람들은 앞의 시험에 비해 많이 줄어든다. 물론 나는 올해 끝까지 악착같이 책을 읽다가 거의 마지막으로 책을 던졌다. 내 점수를 보면 알겠지만 커트라인에서 불과 7점 정도밖에 차이가 나지 않는다. 7점이면 50점 문제에서도 충분히 갈릴 수 있는 점수이다. 끝까지 달려드는 사람과 그렇지 못한 사람은 천당과 지옥을 달리 경험하게 될 것이다. 쇼트트랙 경기에서 마지막 스퍼트를 할 때에 결승선 부근에서 스케이트 날을 내미는 것처럼 시험이 끝날 때까지 최선을 다해야 운도 따를 것이다.

진인사 대천명

많은 사람들은 중요한 시험을 치르고 난 후, 자신은 '최선을 다했으며 이제 하늘의 결정만 남았다'고 생각한다. 이를 두고 삼국지의 적벽대전에서 제갈량이 말했던 「수인사대천명(修人事待天命)」을 빗대어 「진인사대천명(盡人事待天命)」이라고 한다.

그런데 대부분의 사람들은 「盡人事待天命」을 말하면서 '시험준비를 하는 것'에 한정해서 설명한다. 사시 2차시험은 사람이 채점을 한다. 채점위원도 인간이기에 아침에 집을 나설 때 안 좋은 일이 있다면 기분이 나쁠 수도 있고, 누군가로부터 훌륭한 식사를 대접받았다면 기분이 좋을 수도 있다. 본인의 답안지를 채점하기 전에 지나간 100장의 답안지가 엉성할 수도 있고, 반대로 수석급 답안지가 연속적으로 수십 장 지나간 뒤에 본인 것이 도마에 오를 수도 있다. 어찌 「待天命」의 자세로 노력하는 것을 간과할 수 있겠는가?

올해 '법률저널'의 사시2차 게시판에는 내가 지난 수년간 해왔던 태도를 말해주는 듯한 글이 올라왔다. 시험이 끝나고 기도를 한 번도 하지 않고 아무 생각없이 지내다가, 발표 전날이 되서야 제발 붙게 해달라고 기도했던 어느 수험생이 낙방의 푸념을 늘어놓았던 것이었다.

나는 특정 종교를 지칭하면서 그 종교를 믿으라는 이야기를 하고자 이런 얘기를 하는 것이 아니다. 누구든지 자신이 믿는 종교가 있기 마련이고, 설령 종교가 없다면 자신의 신념에 맞게 합격을 기원하라는 것이다. 오해는 없기 바란다.

나는 천주교 신자이다. 그런데 지난 6년여동안 고시공부를 하면서 바쁘다는 핑계로 성당에 나간 적이 별로 없었다. 기껏 해야 성탄절과 부활절, 추석과 설날 정도에만 미사에 참석했으며, 매년 2차시험이 끝난 뒤에도 게으름을 피웠다. 아마도 지난 시간을 뒤돌아보면서 '내 힘으로 극복해보자' 라는 생각이 굳어진 것 때문인 듯하다. 솔직히 수험생활이 너무 힘들어서 하늘을 원망한 적도 많았다. 심지어는 절대자에 대한 불신(不信)의 지경에 이르기까지도 하였다.

올해 2차시험을 보면서 내가 겪은 일이다. 올해도 시험장을 오가기 위해 택시를 대절하였다. 첫날 시험을 마치고 택시를 타고 집에 왔는데 차에서 내리려고 하니까 칠순을 바라보는 택시기사 아저씨가 나에게 갑자기 질문을 던지는 것이었다.

"학생, 기도해요?"

"안하는데요?" 피곤도 하고, 귀찮기도 했던 나는 짧게 대답했다. 그랬더니 그 노인 기사분이 갑자기 버럭 화를 내면서 소리를 질렀다.

"아니 기도도 안하면서 무슨 시험을 본다고 그래? 그렇게 할 거면 당장 집어 치우쇼!"

곰곰이 생각해보니 내가 너무 종교에 무심했다는 것을 깨달았다. 그래서 그 기사아저씨 말씀대로 하루 5분씩만 기도하기로 마음먹었다.

그런데 시험 마지막 날, 민법 1교시 시험을 보는데 민법 제1문을 읽고 나니 도저히 목차를 쓸 엄두가 나지 않았다. 10분을 아무런 성과없이 허비하고, 하는 수 없이 2문부터 답안지를 작성하기 시작하였다. 2문을 마치고 나니 시간은 40분밖에 남지 않았다. 1문이 남아 있는데 정말 어려운 문제였고 그것도 40분만에 풀어야 되는 위기의 순간이었다. 시험시작과 동시에 1문을 한번 읽어보기는 하였으나 설문의 내용도 기억나지 않았고, 목차는 하나도 잡혀있지 않은 상태였다. 그 당시 나는 '이렇게 또 1년의 노력이 물거품이 되는구나' 라는 생각이 들었다.

'하느님 제가 1년동안 그 많은 어려움을 이기고 여기까지 왔습니다. 이제 많은 고비가 지나가고 종착점이 보이는 시기에 왔는데 다시 또 큰 벽에 가로막혀서 고민하고 있습니다. 부디 제가 선택하는 생각과 길을 옳은 방향으로 이끌어주세요.'

나는 절대자의 바지자락이라도 붙잡고 늘어지자는 심정으

로 1분동안 기도하였다. 그런 다음 심호흡을 하고 문제를 읽은 뒤, 목차도 잡아보지 않고 막바로 답안을 써내려갔다.

며칠 뒤, 인터넷 게시판을 살펴보니 민법 1문 때문에 난리가 난 것을 알 수 있었다. 문제해석을 잘못해서 엉뚱한 답을 기재한 수험생들이 상당수였던 것이다. 앞서 수차례 언급했는데, 민법점수는 나의 합격에 결정적인 역할을 하였고, 이렇게 민법점수가 잘 나온 것은 민법 1문을 잘봤기 때문이라 확신한다.

만약 당신이 '하늘이 사시합격자를 결정한다'고 믿는다면 그에 합당한 행동을 하여야 한다. 논술형 답안지를 채점해 본 경험이 있다면, 채점자의 감정적 상태나 다른 여러 가지 요인으로 말미암아 동일 내용의 답안지라고 하더라도 얼마든지 다른 점수를 받을 수 있다는 것을 알 수 있을 것이다. 그러한 요인들이 자신에게 유리하게 작용되기를 원한다면 시험이 끝난 후에 끊임없이 기도하고 마음속으로 간절히 원해야 한다.

나는 이번 시험을 치르면서 절대자에 대한 확신이 새롭게 생겼다. 시험을 마치고 거의 매주 미사에 참석하려고 노력했으며, 하루에 몇차례씩 간절히 기도하였다. 나는 지난 5년여를 가족과 떨어져 지냈다. 내가 지난 수년간 하루에 4~5시간밖에 잠을 못자면서 생활한 것은 그다지 문제가 되지 않았다. 나만 조금 불편하면 될 일이었기 때문이다. 그러나 큰 아들이 유치원에 입학한 이후 초등학교 5학년이 되는 시점까지 아빠 얼굴을 일년에 50여회 밖에 못본다는 것은 한 집안의 가장으로서 심각한 고민을 하게 만드는 상황이었다. 딸아이의 경우에는 말도 못할 때 아빠와 생이별을 한 후 초등학교 2학년이 되었으니, 지금의 생활은 '아기 때 이별하여 다시 만난 아빠'란 생각이 들 것이다. 가장이 없는 집의 아이들은 활기가 없었고, 시험에 번번이 떨어지는 아빠 때문에 주눅이 들어있기 일수였다. 나는 기도를 할 때에 "제발 아이들과 함께 살 수 있게 해달라"고 기도를 했다. 하늘은 내 기도를 들어주셨고, 시험에 합격한 지금 나는 누구에게도 당당한 한집안의 가장으로서 아이들과 행복한 시간을 보내고 있다.

어떤 사람은 남에게 기도를 부탁하기도 한다. 그러나 남이 100번 기도를 하는 것보다는 자신이 1번 기도를 하는 것이 나을 것이다.

당신이 2차시험에 불합격한 경우

실력이 출중하여 사법시험에 합격을 하였다면 앞으로 당분간 인생길을 걸으면서 별다른 문제가 없을 것이다. 그러나 뜻하지 않게 불합격을 하였다면 마음을 잘 다스려야 한다.

누가 나에게 사법시험에 대해 묻는다면 내가 가장 자신있게 대답할 수 있는 분야는 「불합격시 대처요령」 이다. 힘들다고 하는 재시낙방을 두번씩이나 경험해 보았고, 이를 다 극복해서 여기까지 왔기에 2차를 단번에 합격한 사람들보다는 대처요령면에서 조금 더 많이 알 것이다.

불합격시 대처요령에 대해 말하기 앞서, 합격한 후에 나의 수험생활을 뒤돌아보면서 느낀 점에 대해서 먼저 이야기하겠다.

만약에 내가 재시에 합격했다면, 지금 나의 모습은 어떠했을까? 별 어려움이 없이 사시에 합격했다는 이유로 다소 교만해 졌을 것이며, 주변의 도움은 과소평가했을 확률이 높다.

내가 사시를 준비하면서 알게 되었던 사람들 중에는 사시에 합격한 후 갑자기 교만해지는 사람들이 여럿 있었다. 나이가 한참 어린 동생들이 갑자기 안하무인격으로 행동하기도 하고,

심지어는 불합격한 사람들에 대해 뒷말을 하면서 다니기도 하였다. 커트라인을 넘는 점수를 받았으나 과락 때문에 떨어진 사람들을 조롱하기도 하였고, 사시에 합격한 것만으로 고귀한 사람이 된 것처럼 굴기도 하였다. 위엄과 교만은 다른 것이다. 위풍당당하게 행동하는 것과 안하무인격으로 행동하는 것 또한 다른 것이다. 인생은 인연의 연속이라는 점을 생각해보면 이들의 행동은 참으로 어리석기 그지없는 일이 아닐 수 없다. 언제 어디서 어떤 모습으로 자신이 하대했던 사람을 만나게 될 것인지 어떻게 확신할 수 있겠는가? 그리고 내가 육사에서 만나본 법무장교들 - 이들은 초임지로 서울중앙지법 판사를 가게 되는 법조엘리트 중의 엘리트였다 - 은 일반인들의 생각과는 달리 대단히 겸손하고 합리적이었으며 푸근한 성품을 지니고 있었다. 「벼는 익을수록 고개를 숙인다」라는 말이 있는데, 세상에는 타고난 성품이 보리같은 사람들도 있는 듯하다.

　나는 사시에 여러번 불합격하면서 조금은 겸손해지고 인생을 조금 알게 된 것 같다. 그리고 하늘이 어떤 사람에게 시련을 부여할 때에는 아무런 이유없이 그러하지 않는다는 것도 알게 되었다. 최근 몇 년만 놓고 본다면 사시 준비의 되풀이였으므로 인생의 허비라고도 할 수도 있겠지만, 길게 보았을 때 나는 잃은 것보다 얻는 것이 많았다.

　본론으로 들어가서, 일단 재시에 불합격하면 굉장히 처참한 심정이 들게 되며, 자신감에도 큰 타격을 입게 된다. 홀수차 시험에 불합격한다면 앞으로 한 번의 시험기회가 더 남았기에 다시 마음을 동여매고 공부에 매진할 수 있지만, 재시 불합격 시에는 처음부터 다시 시작해야 된다는 부담감에 시험준비를 그만둘 지 여부에 대해 진지한 고민의 시간을 갖게 된다.

나도 작년에 불합격한 후에 인생의 여러 진로를 생각해 보았다. 이라크에 파병을 지원해 볼까도 생각해 보았으며, 당장 야전에 나가는 방법도 고려해 보았고, 심지어는 군대에서 나갈 경우 무슨 일을 해야 되나 고민도 해 보았다. 그런데 그런 여러 방책들은 최후의 옵션으로 고려해도 늦지 않을 것들이었다. 누가 나에게 그러한 것을 당장 시행하라고 강요하지도 않았고, 내가 불합격한 것 이외의 상황은 변한 것이 없었다. 시험에 아깝게 떨어지고서 억울한 생각이 들지 않는 사람이 과연 몇이나 되겠는가? 내가 불합격하여 분하고 괴롭다고 하더라도 그것은 시간이 지나면 완화될 것들이고, 중요한 것은 불합격으로 인해 내가 처한 환경이 급격히 변하는 것은 없었다는 점이다. 어떤 사람들은 4시 정도에 불합격하면 인생의 진로를 선택하는 데에 큰 장애가 없으면서도 그대로 시험을 접기도 한다. 좌절감에 휩싸여 그렇게 할 수도 있고, 더 이상 힘든 시험공부를 할 엄두가 안 나기에 그럴 수도 있다. 그러나 인생은 그다지 길지 않고 마지막 순간 눈감을 때에 후회 없는 삶을 살기 위해서는 좌절과 비웃음, 역경 등을 이겨낼 수 있는 용기가 필요하다.

내가 작년에 사시공부를 계속하겠다고 결심한 데에는 아버지의 조언이 큰 역할을 하였다. 내 아버지의 대학 동기 친구 분 중에 아버지와 함께 행정고시를 공부하신 분이 계셨다. 아버지께서 먼저 행시 재경직을 합격한 후에, 그분은 아버지의 "정리노트"를 참고해서 행시 교정직에 합격했다고 한다. 그분도 전공이 상과였으므로 재경직에 합격하고 싶었겠지만, 눈높이를 낮춰서 교정직에 들어가신 것이었다. 교정직은 주로 교도행정업무를 담당하고 계속 근무할 경우 교도소장을 하게 된다. 그 친구분은 공직에 근무하시면서 늘 재경직에 합격하지 못한 것이 한이 되어 과음을 하셨고, 결국 젊은 나이에 돌아가시고 말았다. 내가 만일 사시를 접고 계속 군생활을 하겠다고 결심하고서 그동안의 공백을 만회하고자 파병을 지원했으면 어땠을까? 파병지원 따위로는 지나간 수년을 만회할 수도 없을 뿐만 아니라, 사시가 평생의 한으로 남아 있어 군생활에도 지장이 있었을 것이다. 「꿩 대신 닭」이란 말이 있지만, 닭을 선택한다면 '꿩' 생각에 괴로워 할 지도 모른다. 혹자는 올해 내가 합격했기에 이런 말을 하는 것이 아닌가 의문을 가질 수도 있겠지만, 설령 내가 올해 불합격했다고 하더라도 포기하지 않고 어려움을 이겨가면서 시험준비를 했으며 2차시험까지 무사히 치뤘기에 인생의 한이 남을 정도는 아니었을 것이라 생각한다.

어쨌든 재시에 불합격한 수험생은 자신의 인생을 어떻게 결정할 것인지 여러 가지 변수를 고려해가면서 생각해야 한다.

당장 군에 입대해야 된다거나, 정말로 불가피한 일이 있는 것이 아니라면 인생의 꿈을 쉽게 접는 우를 범하지 않기를 바란다. 경제적 여건이 다소 어렵다면 나처럼 일하면서 공부하는 방법도 있다. 아니면 사법시험이 아니라도 시험과목이 겹치는 다른 유사 직역의 자격시험으로 발길을 돌리는 방법도 있다(이 경우 닭을 택한 느낌일 것이다). 칼을 뽑았으면 어떤 식으로라든지 결론이 나야지 그렇지 않으면 풀이 죽은 인생이 되기 쉽다.

일단 재시에 불합격했으면 그 충격을 털어내는 것이 중요하다. 가장 좋은 방법은 1차시험 준비에 매진하는 것이다. 불합격 소식을 접하고 나면 바로 서점에 달려가서 1차시험용 기본 교재부터 사 두고 토익을 통과할 준비를 해야 한다. 불합격의 충격은 특별한 사정 - 합격자 중에 동명이인이 있어서 친구나 친지들로부터 축하전화나 메시지가 계속 걸려오는 경우 - 을 제외하고는 그 강도가 점점 약해진다. 내 경우 대략 일주일정도 지나니 평상심을 갖는데 별로 노력이 필요하지 않았다. 그 다음에 해야 할 일은 자신이 2차시험에서 어떤 실수를 했는지 곰곰이 되짚어보는 일이다. 이에 대한 노력이 없다면 다음해 시험장에서 - 내가 그랬던 것처럼 - 동일한 실수들을 반복하게 된다. 수험계획부터 교재, 강의, 모의고사, 수험생활 등 모든 부분에 대한 전면적인 재검토를 해야 한다. 시험에 방해가 되었던 부분은 과감히 버리고 시험에 득이 되었던 부분들은 강화시켜야 한다. 특정 과목에서 과락을 받았다거나 저조한 점수를 받았다면 왜 그런 점수를 받았는지 면밀한 사후검토를 실시해야 한다.

당장 목전에 다가온 1차시험이 부담일 수도 있다. 그러나 재시를 온당하게 치르고 나온 수험생이라면 1차시험 따위는 크게 걱정할 필요가 없다. 시간이 없어서 진도별 모의고사와 전범위 모의고사를 전부 풀어보지 못하는 경우도 발생하는데, 그것도 크게 문제가 되지 않는다. 11월부터 12월 중순까지 기본3법과 선택과목을 1회독 실시하고 교재를 정리하면, 나머지 기간동안 1차생들을 따라잡는 것은 어렵지 않다.

1차시험을 준비하면서 2차시험 준비도 병행하는 전략을 세우는 경우도 있을 수 있다. 그러나 이는 욕심이 과한 것이라고 본다. 차라리 기본3법에 대해 사례집을 풀어보라고 권하고 싶다. 후4법은 나중에 따라잡을 수 있다. 후4법에 투자하다가 정작 중요한 1차시험에서 낙방한다면「빽차」를 타게 되는 것이며 1년이 허공에 뜨게 되는 결정적 타격을 입게 된다. 일단은 1차를 붙는 것이 중요하다.

1차를 붙으면 앞서 말한 것처럼 2순환 강의를 들으면서 3순환에 맞추어 진도를 나가거나 아예 처음부터 3순환에 들어가서 공부하는 것이 좋다. 다소 미흡한 과목이 있다면 동차반 또는 1순환 강의를 활용할 수도 있다. 예비순환을 듣는 것은 시간낭비이다.

재시경험은 다시 2차시험을 치루는 데에 큰 도움이 된다. 그러나 재시경험이 있다고 하여 2차시험 점수가 좋게 나오는 것은 아니다. 처음부터 다시 시작한다는 마음으로 최선을 다할 때 합격이 여러분을 기다리고 있을 것이다.

Part 05 사법시험 합격

2차시험 합격소감

수년간을 피땀흘려 준비한 일이 결실을 맺는다는 것은 대단히 기쁜 일이다. 이는 사법시험에서의 합격뿐만 아니라 다른 자격시험에서의 합격도 동일할 것이다.

나의 사시합격은 나뿐만 아니라 많은 사람들에게 의미가 있다고 생각한다. 우선 수년전 나를 군법무관 준비요원으로 선발해서 위탁교육을 보냈던 육군의 경우에는 잊고 지내던 제비가 몇년만에 박씨를 물고 돌아온 느낌일 것이다. 나를 도와줬던 많은 선후배 동료들은 자신들의 역할에 큰 보람을 느끼고 나를 격려해 주고 싶어 한다. 그리고 오랫동안 나의 합격을 숨죽여 기다려왔던 나의 가족들은 이제 한숨을 돌리고 평온하게 살 수 있게 되었다(사실 내가 불합격할 때마다 우리 집안의 분위기는 폭격당한 것처럼 엉망진창이 되었다). 그리고 나는 인생을 보다 넓게 보고 겸허하게 살 수 있게 되었다.

시험에 합격하고 나서 처음 든 느낌은 '아주 후련하다' 는 것이었다. 사실 올해말 6시 준비를 다시 해야 되었다면 정말로 난감했을 것이다. 이제 2차시험 공부를 안해도 된다는 것만으로도 나는 행복하다.

그리고 독자들에게 정말로 해 주고 싶은 말이 있다.

08년 12월 육사 간부 및 생도들과 함께한 "사랑의 연탄나르기" 자원봉사후 찍은 기념사진. 사시에 합격하니 평소 해보고 싶은 일을 마음껏 할 수 있는 여유가 생겨서 참 좋다. 오랜만의 자원봉사활동이었는데, 힘은 들었지만 뿌듯함이 있었다.

3차시험 준비요령

예년에는 3차시험이 단순한 형식에 불과했으나, 최근에는 법률적 지식을 묻는 방향으로 강화되어서 2차 합격생의 1% 정도가 탈락하고 있다. 올해도 10명의 인원이 불합격의 쓴맛을 보았다. 진정으로 위로의 말을 보낸다.

올해 3차시험은 합격자를 5개반(1개반은 200명, 각 반별로 오전반와 오후반을 편성하였다)으로 나눠서 1개반에 1조~20조(각조 10명)를 편성하여 사법연수원에서 면접을 치루는 방식으로 진행되었다. 나의 경우, 집단면접은 시사성 있는 주제(인터넷에 의한 모욕죄 신설에 대한 검토. 최진실법과 관련한 문제였다)에 대한 집단토의방식으로 진행되었고, 개별면접은 교과서에 나오는 내용의 법률문제 2문제와(대표이사와 지배인의 이동(異同), 「국민의 사법참여에 관한 법률」에 대해서 논하라) 교과서에 안 나오는 듯한 법률문제(집행유예를 조건으로 성공보수를 받기로 한 변호사 선임계약의 유효성) 1문제를 물어보았다.

집단면접에 할당된 시간은 1시간 10분 정도이다. 1개조(10명)가 면접장에 들어가서 3명의 심사위원 앞에 둘러앉게 되는데, 심사위원이 토의주제를 제시하면 약 5분간 생각할 시간을 갖고 각자 자기 의견을 발표하는 식으로 진행된다. 별도의 필기도구와 종이가 제공되지 않으므로 각자 준비해야 된다. 아쉽게도 면접 중에는 법전을 참고할 수 없다. 1인당 발표기회는 대략 3~4차례가 오는데, 발표를 안할 경우 심사위원이 주의를 주면서 발표를 시키기도 한다. 나는 주로 듣는 입장에서 다른 사람의 발표논거에 대해 반박하는 정도에 그쳤다. 왜냐하면 시사성 있는 문제에 대해서는 별로 준비를 안해갔기 때문이었다. 심층면접으로 분류되지 않은 것을 보면 남들 하는 만큼만 말해주면 별 문제가 되지 않는 것 같다.

집단면접후에는 면접실에서 모두 퇴장하며, 곧바로 개별면접이 진행된다. 1인당 면접시간은 약 10분이다. 면접은 앞의 집단면접 심사위원이 1인에게 질문하는 방식으로 진행된다.

집단면접시 말했던 부분에 대해서 다시 물어보는 경우도 있었다고 하며(나는 아니었다) 위에서 언급한 정도의 질문을 3~4개 정도 물어서 법률지식을 테스트한다.

3차시험을 잘 치르기 위해서는 일단 2차시험 막판에 보았던 기본교재들을 1회독 이상 보아야 한다. 그리고 집단면접의 경우, 주로 헌법적 문제가 많이 출제되기 때문에 시사적인 문제 중에 헌법과 연관된 부분을 주의 깊게 준비해야 된다. 시험장에 가서야 알게 되었는데, 집단면접을 철저히 준비한 사람들도 상당히 많이 있었다. 기본교재도 안보고 간다면 불합격을 각오해야 될 지도 모른다.

개별면접 시에는 질문자가 묻는 내용이 어느 법에 해당되는 문제인지 생각한 후에 대답해야 한다. 민법을 묻는데 형사소송법으로 답한다면 기본이 안되어 있다고 볼 것이다.

모르는 문제가 나오는 경우도 있다. 이런 경우에도 절대로 당황할 필요가 없다. 왜냐하면 개별면접은 논리성과 표현력을 보는 것이기 때문에 기본적인 법지식, 예를 들어 개념의 본질이라던지 신의칙, 불법원인급여 등에 대해 언급한 다음 천천히 자신의 생각을 표현하면 될 것이다. 무조건 모르겠다고 하거나, 심사위원에게 되묻는 행위는 삼가야 할 것이다.

그런데 현행 3차시험의 방식에 대해서는 다소 의문이 있다.

면접방식으로 전문적 법률지식과 표현력, 논리성을 테스트해서 부적격자를 가려낸다는 것인데, 그렇게 하기에는 각 개인이 자신의 의견을 표현할 수 있는 시간이 너무도 짧다(심층면접에 가지 않는다면 대략 20분 내외가 될 것이다). 더구나 3차시험은 용모, 억양 등의 인상도 심사위원들에게 영향을 미칠 수 있다. 글로써만 판단하는 1·2차시험과는 분명히 차이가 있다.

그러나 시험이란 것은 일단 통과하고 봐야 한다. 불합격하고서 그 시험의 방식이 목적에 적합한지를 불평하는 것은 오히려 말하는 사람이 괴롭고 비참해질 뿐이다. 1차시험과 2차시험에도 장점이 있는 반면에 단점도 있으므로, 면접시험에 대해서 그 단점을 비난하기보다는 무조건 합격하는 방향으로 노력해야 한다. 올해에도 작년에 면접시험에서 불합격한 11명이 모두 합격하였는데, 이들 중에 불합격처분 취소소송을 제기한 사람은 없었다. 면접 불합격에 대해 불만이 있더라도 온라인상으로나 하소연을 했을 뿐 추가적인 사실상의 불이익을

우려해서 함부로 행동할 수 없었기 때문일 것이다(사실 2차시험에 합격할 정도이면 판단여지 때문에 소송에서 이길 수 없다는 사실쯤은 알고 있었을 것이다). 글을 읽는 독자들도 앞으로 다양한 형태의 면접시험에 직면하게 될 것이다. 무조건 합격하라. 그리고 비판하면 된다.

초심을 잊지 않고

나는 사시준비를 하면서 여러 사람들로부터 참으로 많은 도움을 받았다. 사람들은 통상 등이 따뜻해지고 배가 부르면 과거를 잊고 살게 된다. 실제로 이런 경우를 많이 보았다. 하지만 나는 이를 경계하고 싶다.

「목마른 사람이 우물판다」는 말처럼, 나는 내 스스로 법률을 몰라서 답답했기 때문에 고시공부를 시작하게 되었다.

이제는 사시에 합격했고, 장차 과거의 나처럼 목마른 사람이 다가올 때에는 시원한 물을 퍼줄 수 있는 인심좋은 사람이 되고 싶다.

Part 06 감사의 글

지난 시간을 뒤돌아보며

1992년, 평범한 고등학생이 육군사관학교에 입학하였다.

그리고 17년이 지난 지금, 육군 소령이 되어서 사법시험에 합격하였다.

일반 사회인 중에는 군대시절을 퇴보의 시간, 암흑의 시간, 고통의 시간 등으로 비하하는 사람이 적지 않다. 하지만 나의 경우에는 군대는 내 직장이요, 삶의 터전이었으며, 나의 꿈을 그려나가는 캔버스였다.

나 또한 육사에 입교하고서부터 그리 편한 생활을 보내지는 않았다. 엄격한 규율과 통제 속에 살았으며, 각종 훈련과 시험, 의무, 책임감 등으로 인해 눈코뜰 새 없이 바쁘게 지냈다.

이런 생활은 졸업후에도 마찬가지였다. 힘든 시기도 정말 많았지만, 그 때 나도 모르는 강인함이 길러지고 있었다.

군대를 제대한 많은 일반인들도 마찬가지일 것이다. 비록 군대에서 고생을 하고, 재미있었던 일이 별로 없었을지도 모르겠지만, 군에서 봉사를 하고 희생을 하면서 마음속에는 어떤 어려움도 극복할 수 있는 강인함이 길러지고 있었을 것이다. 군대를 제대한 사람과 그렇지 못한 사람 사이에는 분명 차이가 있다. 2~3년의 군생활이 그들의 인생에 어떤 긍정적인 영향을 미칠 것인지는 자신들에게 위기가 닥쳐왔을 때야 분명히 알 수 있을 것이다.

군대는 평범했던 나를 키워주었다. 내가 군생활을 하지 않았더라면 과연 사법시험에 합격할 수 있었을까 의문이 들기도 한다. 나는 사법연수원을 졸업한 후 다시 군법무관으로 근무하게 될 것이다. 내가 받은 것 이상의 봉사를 함으로써 우리 군이 사람을 '참 잘 키웠다'는 생각이 들도록 만들 것이다.

나는 수험생활을 하면서 평생을 의지할 좋은 분들을 많이 알게 되었다. 잠깐 지면을 통해 소개드리고자 한다.

우선 나의 직속상관이셨던 학교장님과 생도대장님이다.

육사교장 및 생도대장이라는 직책은 장차 이 나라 국방의 핵심을 맡을 사관생도의 육성을 책임진다는 측면에서 매우 중요한 자리가 아닐 수 없다. 나는 고시공부를 하면서 '차라리 내가 모신 역대 학교장님과 생도대장님들의 리더십 기법을 연구해서 야전에서 군생활을 하는 편이 훨씬 낫겠다'는 생각을 여러번 하였다. 왜냐하면 그분들은 각 육사 기수별로 가장 능력있고 신뢰받는 장군들이기 때문이었다.

어떤 사람에게 도움을 주었는데, 그 결과가 시원치 않으면 실망하기 마련이며, 어떤 경우에는 도움을 받은 사람이 거짓으로 그런 상황을 연출한 것이 아닌지 의심하게 만드는 경우도 있다. 아마도 나의 경우가 그랬을 것이다. 보통 사람이라면 관심도 주고 배려도 해 주었는데, 결과가 신통치 않으니 도대체 뭐하는 놈인지 배신감이 들었을 것이다. 그러나 내가 모셨던 분들은 언제나 나에게 믿음을 보내주셨다. 많은 사람들이 기대를 접었음에도 불구하고 끝까지 응원해주시던 모습은 올해 올림픽에서 김경문 감독이 보여주었던 「믿음의 리더십」을 능가한다고 생각한다. 내가 모셨던 학교장님이셨던 김선홍장군님, 육군참모총장 임충빈장군님, 현 육사교장이신 김현석장군님, 그리고 생도대장님이셨던 권오성장군님, 김학주장군님, 김종배장군님, 신원식장군님, 임병윤장군님, 현 생도대장님이신 신만택장군님께 정말로 깊은 감사를 드린다.

나는 3차시험을 준비하면서도 많은 분들의 관심과 배려를 받았다. 필자의 부족한 능력을 헤아리시고 마지막까지 최선을 다하게 배려를 해주신 인사사령관 한홍전장군님, 육군본부 법무실장 고석장군님, 류성식대령님, 김용판중령님께 정말로 깊은 감사를 드린다. 그리고 육대 학생장교 시절, 후배장교의 사사(私事)에 자기 일처럼 헌신적인 관심을 베풀어주신 육대총장 최북진장군님, 이용희선배님, 이호상중령님께도 형언할 수 없는 감사를 올린다.

다음으로 육사 교수님이신 서춘식교수님과 김용주교수님을 소개하고 싶다. 두 분다 육사 리더십연구분야의 대표적인 전문가들이다. 이분들께는 정말로 죄송한 마음만 앞선다. 전폭적으로 도와주시고 응원해주셨음에도 불구하고 3년 내내 낙방하는 모습만 보여드렸기 때문이다. 어쨌든 두분이 뿌린 씨앗이 늦게나마 결실을 맺었기에 다행으로 생각한다. 최근 서교수님께서 한동안 몸이 불편하셨는데, 훌훌 털어내시고 예전처럼 건강해지시기를 두손 모아 기도드린다.

우리 군사훈련처 전 처장님이셨던 주창일 대령님과 현 처장
님이신 정달영 대령님께도 진심으로 감사를 드린다. 두 분다
후배의 부족한 점을 잘 감싸주셨고, 애정과 관심으로 이끌어
주셨다.

생도시절 논문 지도교수이셨던 김진우명예교수님, 법학과
교수님이신 이상철대령님, 김현주중령님, 심리학 교수님이신
남기덕대령님과 국어과 교수님이신 이기윤대령님도 늘 관심
있게 바라보아 주셨고, 낙방에 따른 좌절로 어려울 때마다 많
은 조언과 지도를 아끼시지 않았는데 정말 감사하다는 말씀을
올리고 싶다.

송광석선배님과 나는 아주 인연이 깊다. 92년 당시 내가 육
사 기초군사훈련을 끝마쳤을 때, 송선배는 하급생 군기를 담
당하는 기수생도로서 신입생들을 인솔하기 위해 우리 막사로
왔는데, 그 때 나는 송선배를 처음 보게 되었다. 그리고 92년 2
학기에는 송선배가 내가 속한 분대의 부분대장이 되었다. 당
시 송선배는 친형처럼 잘 보살펴 주었고, 매주 맛있는 간식을
사주기도 하였다. 그 뒤 졸업후 전방에서 몇차례 마주치다가
나는 송선배의 뒤를 밟아서 미 보병고등군사반에 입교하였고,
다시 서울대학교 법학부 위탁교육과정도 따라갔다. 비록 4년
이나 늦었지만, 나도 송선배처럼 육사에서 사법시험에 합격하
게 되었다. 앞서 언급한 것처럼 송선배의 노력이 없었더라면
나는 위탁교육을 마친후 육사에 가지 못했을 것이다. 부족한
후배를 늘 애정어린 조언으로 이끌어준 선배님에게 깊은 감사
를 드리고 싶다.

육사에 갔을 때 동생처럼 아껴주시고 온갖 궂은 일도 떠맡아 주셨던 김대봉선배님도 잊을 수가 없다. 우람한 풍채처럼 넓은 마음에 명석한 판단력을 지녔던 선배는 지금 육군에서 가장 유능한 장교만을 선발하여 임명하는 직책인 육군대학 교관을 하고 있다. 앞으로도 늘 무운장구하시기를 기원한다.

이외에도 늘 뒤에서 응원해주신 기계공학과 교수님들(서진석대령님, 이재영대령님, 이종우대령님), 나의 육사 식구였던 생도대 훈육요원(특히 많은 위로와 격려를 아끼지 않으셨던 하창호대령님, 서상국대령님, 신상범대령님, 현 부대장님이신 고일권대령님께 깊은 감사를 드리고 싶다), 리더십센터 구성원(정희동소령님, 한중석소령, 이진성대위)과 군사훈련처 교수님(장석린장군님과 이상태장군님, 김정근교수님, 임용화교수님)과 교관님(황규담소령님, 김영추중령님, 여영길중령님, 김문호소령님, 장정태소령님, 이은천소령님, 나용희중령님, 이상곤소령님, 고영준소령님, 김도기소령님, 윤재현소령) 오고가면서 늘 격려를 해주셨던 김홍석 선배님, 정현수 선배님 등 많은 선배님들께 지면이나마 감사의 말씀을 올리고 싶다.

다음으로 뒤에서 보이지 않게 언제나 도움을 주었던 육사 동기생들을 소개하고 싶다. 독자중에서 혹시 알고 있을 사람이 있을지 모르겠지만, 96년도에 '한국의 성덕바우만'으로 전영수생도가 매스컴에 여러차례 오르내린 적이 있었다. 당시 전영수소령은 내 룸메이트였는데 급성 백혈병에 걸려서 석달 동안 사경을 헤맸지만, 지금은 완쾌해서 건강하며, 최근에는 놀랍게도 검도 사범자격증(4단)까지 취득하였다. 참으로 인간

승리가 아닐 수 없다. 더욱이 나한테도 정말로 버겁고 힘들었던 육대 기본과정에서 최상급의 성적으로 우등상까지 수상했으니 그의 능력과 의지는 상상을 초월한다는 생각이 든다. 전소령은 육사 졸업후 10년만에 나와 함께 리더십센터에서 근무하게 되었는데, 자기 업무로 늘 바빴음에도 불구하고 내게 심적 물적으로 많은 도움을 주었다. 가족들과 언제나 행복하기를 바라며, 앞으로도 늘 승승장구하기를 기원한다. 또, 친구하면 김태연소령, 김현석소령, 김석소령, 이상규소령, 남경중소령, 기호택소령, 양진혁소령, 서동철소령, 예민철소령, 신규용박사, 강성록박사, 조영호박사, 김주희박사 등을 빼어놓을 수가 없다. 모두 다 보이게 안보이게 나를 많이 도와주었는데 고마운 마음을 전한다. 이 외에도 수많은 동기생들이 걱정과 관심을 보내주었고 끝까지 응원을 해 주었다. 너무나 많기에 일일이 다 거명할 수 없는 점을 아쉽게 생각하며 감사의 뜻을 전한다.

후배들을 소개하면, 사법연수원에 다니면서도 바쁜 와중에 수차례 위문을 와주었고, 내가 합격하기를 늘 기원해 주었던 동생 신기훈 공군소령이 생각난다. 정말 고맙다.

늘 선배걱정에 노심초사했던 이범주소령에게도 고맙다고 전하고 싶다. 범주같은 동생이 있기에 형이 용기를 잃지 않고 오늘에 이르렀다.

서울대에서 함께 공부했던 김도훈대위도 빼놓을 수가 없다. 선배가 며칠간의 휴가를 얻어 1차 시험을 준비할 때 자기도 1차시험이 코앞에 다가왔음에도 불구하고 자신의 원룸을 비워

주고 독서실 자리도 얻어줄 정도였으니, 그 정성은 잊을 수가 없다. 늘 건승하기를 기원한다.

지금은 일산에서 초등학교 선생님을 하는 이익준예비역병 장도 마음속에 새겨진 친구였다. 사려깊고 신의가 있으며, 매 사에 정성을 다하는 이선생도 가족과 함께 늘 행복하게 살기 를 바란다.

가족들에 대한 감사의 마음도 빼놓을 수가 없다. 우선 우리 부모님과 형제들은 나 때문에 마음고생을 참 많이 하셨다. 아 들 고집을 이기지 못해 사시 공부를 허락하셨지만, 매번 낙방 의 고배를 마시면서 아들 속이 시커멓게 타들어가는 것을 보 는 부모의 심정은 참으로 안타까웠을 것이다. 늦게나마 효도 를 하게 되어 다행이다. 처갓집의 경우에도 지난 수년간 사위 걱정에 잠못드는 밤이 많으셨는데, 이제 한숨을 돌리셨다. 양 가 부모님 모두 늘 건강하시길 기도드린다.

그리고 못난 남편을 두어 그동안 갖은 고생을 다한 사랑하 는 나의 아내와 수년간 아비없는 생활을 했던 아이들에게 참 으로 미안하고 고마운 마음을 감출 수가 없다. 부끄럽지 않은 삶을 살기 위해 가족들에게 많은 희생을 강요했는데, 이제는 그 노력에 보답해주고 싶다.

나처럼 많은 사람들의 도움을 받은 수험생이 또 있을까? 뒤 돌아 생각해보면 나는 참 운이 좋은 사람이다. 수험기간동안 주변에는 늘 인격적으로 훌륭하신 분들이 함께 했었다. 내가 사시에 합격한 이유도 내 능력이 뛰어나서가 아니라 이분들의 마음에 하늘이 감동했기 때문이 아닌가 싶다. 수많았던 도움

의 손길들은 앞으로 내가 인생의 길을 걸어가는데 있어서 중
요한 순간마다 좋은 이정표가 될 것이다.

처음 펜을 들었을 때에는 내가 알고 있는 몇 명의 후배들에
게 사법시험 노하우를 전수해 준다는 생각으로 간단하게 시
작하였는데, 가지를 치고 살이 붙다보니 졸필임에도 불구하고
글이 길어지게 되었다. 어쨌든 독자들이 내 글을 읽고서 용기
를 내고 하루 빨리 목표를 달성하기 바라며, 계속 공부하고 있
을 많은 형님들, 친구들과 동생들에게도 합격의 소식이 함께
하기를 기원한다.

끝으로 서적출판을 흔쾌히 허락해주신 율도국 김홍렬 사장
님, 밤늦게까지 편집과 디자인으로 수고를 아끼지 않으신 김
은영님 등 출판사 관계자분들께도 깊은 감사를 드린다.

고시공부는 이렇게 해라

지 은 이 심우찬
펴 낸 이 김홍열
디 자 인 김예나, 김은영
영   업 김기하, 윤덕순

초판발행 2009년 2월 20일
초판 3쇄 2012년 4월 20일

펴 낸 곳 율도국
주   소 서울시 도봉구 도봉동 609-32 (3층)
출판등록 2008년 07월 31일
전   화 02) 3297-2027
팩   스 0505-868-6565
홈페이지 http://www.uldo.co.kr
메   일 uldokim@paran.com

가   격 12,000원